歴史新書y

022

氏家幹人

Ujiie Mikito

旗本御家人

驚きの幕臣社会の真実

洋泉社

プロローグ・不吉な「鯛の味噌漬」

『醇堂叢稿』

私が国立国会図書館所蔵の『醇堂叢稿《じゅんどうそうこう》』全四十五巻を丹念に読み始めたのは、東日本大震災や福島原発の事故など想像もしていなかった、三年前のうららかな春の日だった。

『醇堂叢稿』は旧旗本の大谷木《おおやぎ》醇堂が明治半ばに綴《つづ》ったさまざまな原稿の総称。古くは昭和十四年（一九三九）に玉林晴朗「大谷木醇堂と醇堂叢稿」（『書物展望』通巻九十七・九十八号に掲載）でその概要が紹介され、近年では野口武彦『幕末の毒舌家』（二〇〇五年刊）が、大谷木醇堂の特異な性格とあわせて『醇堂叢稿』の興味深い内容を存分に叙述している。

両氏のほかにも、それぞれの関心から部分的に引用している研究者はすくなくない。いまさら丹念に解読したところで、新しい史実の発掘はあまり期待できないのでは。正直なところ私は、〝ひまつぶし〟に恰好《かっこう》の史料くらいの軽い気持ちで、『醇堂叢稿』の複製物を、通勤電車でもまれながら、あるいは自宅のソファーに横たわりながら、日々漫然とながめたのである。
　ところがこれが面白いのだ。たんに興味深いというに止まらず、江戸幕府に関する従来知られていない（すくなくとも私や身近な江戸研究者は知らなかった）事実が幾つも記されていたのである。

死を暗示する品

「鯛《たい》の味噌漬」の話もそのひとつだった。鯛の味噌漬が幕府の故実とどんな関係があるのか？　すこし難解な文章だが、『醇堂叢稿』の文体の紹介もかねて、原文を挙げてみよう（句読点等は氏家が補った）。

　武家にて鯛の味噌漬と鱠残魚《かいざんぎょ》（氏家註・白魚や鱚《きす》の漢語。ここでは鱚であろう）の乾したるを嫌《きら》へるは故実ある事にて、これを云ふも時事変態の今日に在《あり》ては可笑《おかし》きやうなれとも、封建の日には知らすんはあるへからさる典故なり。

　意訳すると。——旧幕時代（維新前）、武士の間では、鯛の味噌漬と鱠残魚の干物は（不吉な物とて）嫌われていた。なぜ嫌われたのか。世の中が移り変わった今日から振り返ると可笑しなことだが、当時は、武家ならば心得ていなければならないことだった——。

これは老中職の人にて勤役中に死する時は、病中様体《ようたい》御尋として、御小納戸頭取《おこなんどとうどり》をもつて鯛の味噌漬を賜はり、又その危篤大漸《だいぜん》を聞し召るゝや、御側衆《おそばしゅう》を上使として鱠残魚の乾したるを賜たり。その翌日に死去を披露する事なり。

——（なぜ鯛の味噌漬や鱠残魚の干物が不吉だと嫌われたのか）。それは、老中が在職中に死に瀕《ひん》したとき、将軍は小納戸頭取に病気見舞いの鯛の味噌漬を届けさせ、病状がさらに悪化したと知ると、今度は側衆を派遣して鱠残魚の干物を下賜することになっていたからである。（実際には鱠残魚の干物が下賜されたとき、老中はすでに亡くなっている場合が多く）、鱠残魚の干物が下賜されると、その翌日に死亡が公表された——。

重篤《じゅうとく》な病で床に就いている老中に将軍から見舞いの品として贈られるのが鯛の味噌漬で、老中が死亡したとき贈られるのが、鱠残魚の干物。幕臣たちは、鯛の味噌漬が老中宅に届けられたことで老中の重病を知り、鱠残魚の干物が届けられたと聞いて、老中の死を察したのだろう。すなわち鯛の味噌漬と鱠残魚の干物は、老中の死を暗示する品であり、したがって武士（とりわけ幕臣）の間では、不吉な品として嫌われたのである。

醇堂は、自分の記述が嘘偽りでないことを示すために「近くこの事ありしは、嘉永《かえい》四年に戸田山城守《やましろのかみ》、安政《あんせい》度に阿部伊勢守《いせのかみ》両人なり」と具体的な例を挙げている。はたして彼の言うとおりだろうか。

戸田山城守は、下野国《しもつけのくに》宇都宮藩主の戸田忠温《ただよし》で、『平成新修旧華族家系大成』によれば、嘉永四年（一八五一）七月二十六日に没している。一方、幕府側の記録である『柳営日次記《りゅうえいひなみき》』や『徳川実紀《とくがわじっき》』によれば、死の一日前の二十五日に、小納戸頭取の竹田伊豆守《いずのかみ》が上使（将軍の使者）として戸田の邸に赴き、「味噌漬鯛」を贈ったとある。そして翌日の二十七日、老中戸田山城守の死が公表された。

阿部伊勢守（名は正弘《まさひろ》。備後国《びんごのくに》福山藩主）は、安政四年（一八五七）六月二十七日に没したが、同日、小納戸頭取の田沢兵庫頭《ひょうごのかみ》（名は政路）が、上使として阿部邸を訪れ、「味噌漬鯛」を贈っている。この場合も、鯛の味噌漬けは、老中阿部伊勢守の危篤や死を報せる〝合図〟の役割をしている。

ならば鱠残魚（鱚）の干物はどうか。現職の老中ではないが、『徳川実紀』の明和《めいわ》八年（一七七二）六月四日の記事に、「田安《たやす》中納言《ちゅうなごん》宗武《むねたけ》卿の病をとはせられ、本城よりは御側巨《こ》勢《せ》伊豆守至忠《ゆきただ》、西城よりは本堂《ほんどう》伊豆守親房《ちかふさ》御使して、干鱚をくり給ひけるに（下略）」とある。

田安宗武は、徳川吉宗の三男で田安家初代。松平定信の父で、歌人としても知られる。その宗武が病のときも、将軍家治から御側衆の巨勢伊豆守が遣わされ、「干鱚」（鱚の干物）が見舞い品として贈られたのである。宗武はこの日（六月四日）に没した。この記事からも、鱚の干物が鯛の味噌漬と同様、重要人物の「死」を告げるものだったことがうかがえる。

もっとも、厳密に言えば、将軍から臨終間近の老中や御三家・御三卿などに贈られた見舞いの品は、鯛の味噌漬と鱚（鱠残魚）の干物だけではない。宝暦《ほうれき》十一年（一七六一）二月六日には、危篤状態の老中堀田相模守正亮《さがみのかみまさすけ》に、味噌漬ではなく粕漬《かすづけ》の鯛（「粕漬鯛」）が贈られたし、明和二年（一七六五）二月二十一日には、紀伊中納言徳川宗将《むねのぶ》（紀伊徳川家の当主）に生干しの鯛（「生干鯛」）が贈られるという具合だ（宗将は数日後に没した）。

また読者の中には、「鯛の味噌漬や鱠残魚の干物の話なんてずっと前から知っている」とおっしゃる恐るべき先学もいらっしゃるかもしれない。

とはいえ、大谷木醇堂が『醇堂叢稿』を書いた明治の中期にこのことが忘れられていたのは事実である。だからこそ醇堂は、幕府の故実のひとつとして記録しなければならないと思ったのであろう。

幕府役人の慣用語

『醇堂叢稿』の記述の中で、鯛の味噌漬の話にもまして眼から鱗《うろこ》だったのは、「おさそい」や「御宅」という言葉が、幕府の役人の間では、特別の意味を持っていたという指摘である。

「おさそい」が「ぜひお誘いください」の「おさそい」なら、驚くまでもないが、醇堂が旧幕時代の役人言葉として挙げたそれはまったく違う。醇堂によれば、「おさそい」とは「不首尾にて免せらるゝ也。何も子細あらされども、病気と称してこれを辞退する事なり」。要するに職務上の過失等を犯した幕府の役人が、罷免《ひめん》されたり病気と称して辞任することを意味していたというのである。

本当にそうなのか。『広辞苑』『日本国語大辞典』『江戸時代語辞典』などめぼしい辞書で調べたが、そのような意味の「おさそい」は見つからなかった。「面白いけど裏がとれないな」と残念に思っていたところ、旗本井関《いせき》家の未亡人隆子の日記(『井関隆子日記』)の天《てん》保《ぽう》十五年(一八四四)九月六日の条に、醇堂の記述を裏付ける記事を発見した。

それは、天保改革の際に庶民を苦しめた酷吏として悪評が高い鳥居甲斐守忠耀《ただてる》(通称耀蔵)の失脚についての記事で、隆子は「鳥井(氏家註・鳥居)甲斐守は町ノ司にて時めきつるを、此度《このたび》御誘とかいひて、病にこと付、司をはなたれたり」と書いていた。

鳥居は、実は失脚なのに病気を理由に町奉行（「町ノ司」）を罷免された。このような罷免は「御誘」と呼ばれていると、隆子は明記しているのである。彼女は「御誘」に「みさそい」の読み仮名を添えているが、これが醇堂が言う「おさそい」であることは間違いない。

ちなみに鳥居の罷免は、幕府の日記である『年録』には「病気ニ付、願之通《とおり》御役御免」（病気のため依願辞職）、幕府の正史『徳川実紀』には「病免」と記され、「おさそい」の語は用いられていない。公文書用語ではなく、幕府役人の慣用語として通用していたのであろう。

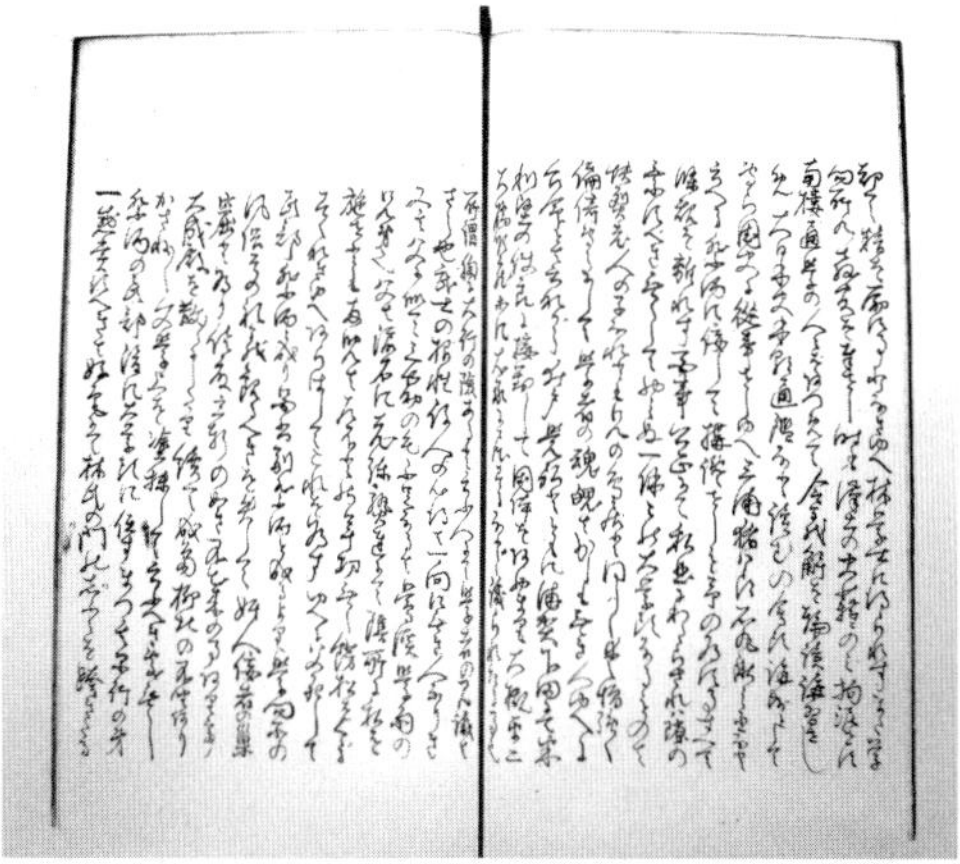

大谷木醇堂『醇堂叢稿』より（国立国会図書館蔵）

歴史の醍醐味

ならば「御宅」はどうか。オタクは今日ではアニメやゲームなどを偏愛する人たちを指す言葉にもなっているが、まさかオタクっぽい幕臣が当時もオタクと呼ばれていたはずはない。

醇堂によれば、幕府で通用していた「御宅」とは、「余程《よほど》おもき事件にて御とがめ」をこうむること。幕臣が重大な過失を犯した場合、夜になって名代《みょうだい》の者が若年寄の御宅に呼び出され（だから御宅か）、監察官である目付《めつけ》立ち会いの下、役職の剝奪（「御役御免御番御免」）と厳重な謹慎を申し渡されたという。

予想どおり、「御宅」のこのような意味は、辞書に載っていなかった。言いかえれば『醇堂叢稿』のお蔭で、私は、忘れられた江戸の役人言葉にめぐり合えたのである。

役職に就いていた幕臣たちは、「おささい」や「御宅」という言葉を耳にしたとき、ギクッとしたに違いない。そんな想像をするだけで歴史を振り返るのがずっと楽しくなる。

これもまた、歴史小説や時代劇では絶対に味わえない歴史の醍醐味ではないだろうか。

旗本御家人＊目次

【第三章】

【第四章】

【第一章】

元旗本・大谷木醇堂と譜牒学

見送られた「番入」

それにしても、大谷《おおや》木《ぎ》醇堂《じゅんどう》は、どうしてこのようなことまで後世に伝えようとしたのだろう。醇堂の経歴については、すでに玉村、野口両氏によって紹介されているが、ここでも簡単に触れておきたい。

大谷木醇堂は、天保《てんぽう》九年（一八三八）に麻布狸穴《まみあな》の大谷木家の屋敷で誕生した。当時、父の藤之助（純堂と号した）は二十九歳で、小性組《こしょうぐみ》に属し、祖父の藤左衛門は七十一歳の高齢だったが、十一代将軍家斉《いえなり》の女《むすめ》浅姫の用人並《ようにんなみ》を務めていた。

祖父は、その後、林奉行や盛姫用人を経て、天保十五年（一八四四）十一月に峯姫（峯寿院）用人となり、布衣《ほい》を着ることを許された（布衣は六位に相当する位階で、布衣の礼服を着ることが許されたのは昇格を意味する）。

峯姫は家斉の七女で、水戸藩主の徳川斉脩《なりのぶ》に嫁し、文政《ぶんせい》十二年（一八二九）に斉脩が没すると、落飾《らくしょく》して峯寿院と称したのである。水戸徳川家における峯寿院の権威は夫亡き後も絶大で（なんといっても将軍の女）、その用人（御付御用人）である祖父藤左衛門の発言力も並々ならぬものだったと、のちに醇堂は回顧している。

嘉永《かえい》三年（一八五〇）、十三歳で昌平坂《しょうへいざか》学問所の小試《しょうし》（素読吟味《そどくぎんみ》）を受験して優秀な成績を収めた醇堂は、六年後の安政《あんせい》三年（一八五六）に、十九歳で大試《だいし》（学問吟味）を受験。これまた優秀な成績で、十二月に白銀十枚の褒美を頂戴《ちょうだい》した。

本来なら晴れて番入（将軍の親衛隊である五番方への採用。すなわち就職）が実現するはずだったが、父が、この年の四月に八十九歳で亡くなっていた祖父の死を秘したため、同じ家から祖父・父・本人の三代が同時期に在職できないという原則にさまたげられ、番入が見送られたのだった。

父は、なぜ祖父の喪を発しなかったのか。答は簡単。祖父が死亡したとなると、祖父が生きているという前提で支給されていた俸給がまったく入らなくなり、大谷木家の家計が窮迫するのを嫌ったからである。祖父は峯寿院用人を辞めたのち、嘉永五年（一八五二）に二丸留守居《にのまるるすい》に転じ、在職中に没したが、このようなときは、死亡の事実を秘して病気や老衰で引退したことにするのが、当時の幕府の慣行だった。

祖父の場合も、実は死んでいたにもかかわらず老衰を理由に引退を願い（もちろん本人ではなく醇堂の父がである）寄合《よりあい》（三千石以上の無役の旗本や布衣の役職を務めた無役の旗本で編成される）に組み入れられ、相当の禄を得ていたらしい。醇堂の父は、それを失うのが惜しくて、息子の就職のチャンスを潰してしまったのである。

その結果仲間に取り残された醇堂が、落胆し、父を怨んだのは言うまでもない。「其の機を逸《いっ》した醇堂は遂に一生番入する機がなく、折角《せっかく》順風に帆を挙げた秀才も一転して、これから自暴自棄となり、世に拗《す》ねた奇人変人となつてしまつたのであつた。此の年醇堂は二十歳であつた」（玉林晴朗「大谷木醇堂と醇堂叢稿」）というのにも頷ける。

醇堂の情報源

しかしこの人生最大の不幸が、彼の情念を、子どもの頃から愛好していた読書や諸種の記録の筆録にいっそう傾倒させた。

九歳で『武家閑談《ぶけかんだん》』（明君・賢将・忠臣・義士の言行録。木村高敦著）を耽読《たんどく》したのに始まり、『常山紀談《じょうざんきだん》』『藩翰譜《はんかんふ》』『折たく柴の記』『松蔭日記《まつかげにっき》』から、『武家厳制録《げんせいろく》』『大成令《たいせいれい》』などの法制資料を読みあさった醇堂は、番入は出来なかったものの、昌平坂学問所で教官を務めた十二年の間に、学問所の蔵書を思う存分閲覧し、歴史・制度・法令・地誌などの知識を身につけた。そんな醇堂を、同僚の教官たちは「記録学者」と呼び、彼の博識を「随筆学問」と称したという。

醇堂の知識の特徴は、儒学や漢詩文ではなく、幕府の歴史や諸制度に注目したこと。このため、「大小監察局附属ノ記録」（大目付・目付の関係記録）、「御勘定所ニ係レル地方書《じかたしょ》」（勘定奉行所が作成した農政全般の解説書）、さらには遠国《おんごく》奉行の記録まで、各種公文書やその編纂物に目を通し、重要な箇所をこまめに筆写したらしい。こうして幕府の役職には就かなかったにもかかわらず（特定の役職に縛られなかったお蔭で、とも言える）、職制の沿革や公務の実情を知ることができたのである。

醇堂はまた、古老の昔語りを聞くことがなにより好きだった。どれほど好きだったかは、「古老の談話ほど面白くも又身の為になる事はあらじ」と述べているのを見ればあきらかだろう。「自分は幼児の頃から年寄りが大好きで、宴会の席で古老が話し始めると、酔いしれるように耳を傾けたものだ。どんなご馳走《ちそう》よりも老人の昔話が好物だった」（意訳）とも述べている。

古老の談話が〝好物〟という性癖は、成長してさらに深まり、高齢の旗本等から往時の制度や慣習を聞き書きすることに熱中したらしい。そう、オーラルヒストリーもまた、醇堂の重要な情報源だった。

祖父が峯寿院の用人だったことも、「記録学者」としての醇堂には幸いした。『醇堂漫録』には、弘化《こうか》三年（一八四六）の正月十五日、十歳の醇堂が二人の妹とともに小石川の水戸藩邸を訪れ、峯寿院に拝謁《はいえつ》したときの思い出がいきいきと記されている。醇堂はこのとき駒込の中《なか》屋敷から来ていた前藩主の徳川斉昭《なりあき》とも対面し、「いたづらそふなる小児哉《かな》」と言われたという。

斉昭だけではない。慶喜《よしのぶ》ほか斉昭の息子たちとも親しく「竹馬の友とひとし」だったとも（これは『醇堂叢稿』の記述）。徳川斉昭から「悪戯《いたずら》そうなガキだな」と親しく言葉をかけられ、のちの十五代将軍と幼なじみのような関係だった。すべては祖父のお蔭だった。

ところで醇堂は、学問所の同僚から「随筆学問」（該博《がいはく》ではあるが、雑多で断片的という意味だろう）と呼ばれた学問を、みずからは「譜牒《ふちょうがく》学」と称していた。譜牒学とはどのような学問を言うのか。醇堂は次のように記している。

寛永《かんえい》以来嘉永ニ渉《わた》ル年間ノ典章文物法令制度ノ建置沿革ヨリ、人情世態風俗習慣ノ推移変遷ニ委《くわ》シクシテ、見ザル古昔ノ事ヲ記憶スル、コレヲ譜牒ノ学ト名付テ、俗ニ御政事《せいじ》学問ト云フ。

寛永から嘉永に至る時代（鎖国から開国まで。すなわち徳川幕府が確立し、機能していた時代）

の制度や学術・法制等の沿革をたどり、あわせて世態や風俗の変遷を研究して往時の様子を照らし出す。それが譜牒学であり、俗に「御政事学問」とも言う、というのだ。「御政事学問」の意味がいまひとつ明らかでないが、ともあれ醇堂は、幕府の政治や組織の沿革から世情風俗の変遷に至るまで、徳川時代の歴史をあとづける学問を「譜牒学」という言葉で表現したのだった。

無名の幕臣たち

明治維新後、旧旗本の醇堂の不遇はさらに深刻さを増した。零落、病臥《びょうが》、妻の死、そしてなにより貧窮……。明治二十五年(一八九二)、五十五歳の醇堂は、「東奔西走、吐哺握《とほあく》髪《はつ》、齷齪《あくせく》してなほ食を甘んし寝を安んするあたはす」と、生活の糧を求めて休む間もなく過ごしても、自分ひとりの寝食さえままならぬ現状を嘆いている。

明治三十年(一八九七)三月十四日(十五日とも)、市谷長延寺《ちょうえんじ》町の陋屋《ろうおく》で永逝《えいせい》。享年六十歳。遺骸は駒込の海蔵寺《かいぞうじ》に葬られた。

醇堂が残した著述のうち、『醇堂漫録』が森銑三《せんぞう》編『随筆百花苑』に、『灯前一睡夢』が三田村鳶魚《えんぎょ》編『鼠璞十種《そはくじっしゅ》』にそれぞれ収録されているが、他の多くは、失われたか所在不明である。彼が少年の頃から志した「譜牒学」の業績は、すくなくとも現在のところ、消失してしまった。その意味でも、草稿に近い著述とはいえ、『醇堂叢稿』は貴重な歴史資料と言える。

本書は、『醇堂叢稿』を中心に、他の有名無名の史料をからめながら、旗本御家人（幕臣）の世界に、いままでとはすこし異なる視点で光を当てようとした試作である。

登場する人物は、根岸鎮衛《やすもり》、遠山景元《かげもと》、勝小吉《こきち》、川路聖謨《としあきら》、松浦《まつら》静山《せいざん》などをのぞけば、多くは（大谷木醇堂を含め）無名の幕臣たちだ。ほとんどの読者は彼らの名前すら聞いたことがないだろう。新撰組も彰義隊も登場しない。その意味では「幕臣無名列伝」というタイトルでもよかったかもしれない。

ともあれ、明治三十年に夢半ばにしてこの世を去った旧旗本の独居老人が残した稀有《けう》な著述は、歴史愛好家であるなしにかぎらず、多くの読者に新鮮な知識を提供するだろう。著者がこう言うのもなんだが、とにかく面白いのである。

付鬢とカツラ事件

足袋・杖・玉眼

さて、どのような話題から始めよう。『醇堂叢稿』に書かれた話は実にさまざまで、話が登場する順序に特に意味はないようだ。醇堂は、思いつくまま気の向くままに筆をはしらせている。この本の主役を務める史料は『醇堂叢稿』だから（脇役も多彩だが）、私もそのスタイルに倣《なら》いたい。というわけで、話題を初めから一つに特定せず、とりあえず幕臣たちの外見（見た目）に注目することにしよう。

江戸幕府の役人たちというと、戦国の気風が抜けきらない江戸の初期はともかく、中期以降は、天下泰平の気分にどっぷり浸って、安穏な（ゆるい）日々を過ごしていたように想像しがちだ。仕事ぶりは悠長で、業績達成の圧力も乏しく、おのずとストレスや過労もたまりにくかったのではないかと。

はたしてそうか。当時の記録を丹念に見ると、かならずしもそうとは言えないようだ。

彼らの役人生活が、さまざまな規則や慣習に縛られ、今日の公務員諸君より煩わしいことが多かったのも、また事実である。

たとえば足袋《たび》の着用について。幕臣たちの主な出勤先である江戸城内では、夏の間は足袋を履かないという規則があり、足が冷えやすく夏でも足袋が必要な者は、夏季に入る前の三月中に、四月以降も足袋を着用したいと願書《がんしょ》を出さなくてはならなかった。

「足袋願《ねがい》」には、通常「私儀　下冷《しもびえ》仕候（つかまつりそうろう）に付　不出来之節《ふできのせつ》は夏中も足袋相用申度奉願《あいもちいもうしたくねがいたてまつり》候」というように理由が記された。「不出来之節」（冷え症が重いとき）は夏でも足袋の着用をお許しくださいというのである。

足袋だけではない。江戸城内の職場で杖《つえ》を用いる場合は、「杖願」（あるいは「杖断《ことわり》」とも）を提出しなければならない。こちらにも「持病之足痛にて」など、歩行困難で杖が必要な旨を記した。もっとも幕府は、五十歳以上の〝老人〟には、杖の使用や駕籠《かご》で出勤することを許可していた。

なかには本多正信《まさのぶ》（一五三八―一六一六）のように、江戸城の御座敷内で杖をつくのを許されたケースもあったが、これは特例中の特例。徳川家康の第一の側近であった正信ならではのことで、通常はさすがに城内の座敷では杖をつかなかったようだ。

夏足袋や杖だけでなく、幕府の役人は無断で眼鏡をして出勤することすらできなかった。

将軍の図書館兼貴重公文書庫である紅葉山《もみじやま》文庫を管理する書物方《しょもつかた》の日記をひもとくと、寛政十三年（一八〇一）一月二十日の条に、書物方同心《どうしん》の川嶋安左衛門が「不眼《ふがん》に付」（眼が悪いので）、「眼鏡相用度《あいもちいたし》」と眼鏡の使用を願い出たと記されている。貴重な書物の細かい虫喰いを見落とさないために、というのがその理由。書物奉行は「勝手次第に可致《いたすべし》」とこれを許可している。

眼といえば、幕府の目付を務める者は、たとえ近視その他で眼が悪くとも、両眼がしっかり開かなければならないとする例規があったと、『醇堂叢稿』に記されている。醇堂が挙げた例は衝撃的だ。目付の羽太《はぶと》左京は、片眼を玉眼（義眼）に替えて、目付を務めたという。

羽太は、文化十三年（一八一六）から文政《ぶんせい》十一年（一八二八）まで目付に在職した羽太左京正栄《まさひさ》であろう。彼の片眼はなんらかの理由で損傷していたらしい。目付は旗本御家人（幕臣）の不正や怠慢を糾弾する監察官。したがって両眼ともに眼光鋭くなければならないという半ば呪術的な約束事に反しないように、羽太は、なんと損傷していた片眼をえぐって玉眼を埋めたのである。

醇堂によれば、羽太は当時「入れ目の御目付」と呼ばれたとか。このあだ名からも、羽太が目付の職に相応しい眼光を獲得するために、キラリと光る玉眼を入れた様子がうかがえる。

額の上の傷

もちろん服装や髪型にも規則が設けられていた。江戸初期の旗本の中には奇抜な身なりと放埒《ほうらつ》な言動で世間を驚かす旗本奴《やっこ》と呼ばれる「かぶき者」がすくなくなかった。彼らの特徴は、「すりさげ」「大額《おおびたい》」など、額から頭の頂にかけて大きく剃った特異な髪型と、大《おお》角鍔《かくつば》（角形の大きな鍔）や膏薬鞘《こうやくさや》（なめした馬の皮に栗色の漆を塗った鞘）などの異形の武具装飾と長大な刀・脇差だった。となれば幕府がこれを禁止しないはずがない。

このうち刀剣の鞘の装飾については、尚武の気性を尊んだ八代将軍徳川吉宗のときに禁止が緩められたが、髪型に関する規制はその後も長く続いたと醇堂は述べている。

とはいえ江戸も後期になると、例外も見られた。備前《びぜん》岡山藩主の池田治政《はるまさ》（一七五〇―一八一八）は、大胆にも「すり下げ奴」の髪型で江戸城に登城したというし、西丸留守居《にしのまるるすい》や鎗《やり》奉行を務め、嘉永二年（一八四九）に没した旗本鷲巣《わしのす》淡路守清典《あわじのかみきよのり》は、「惣髪御免《そうはつごめん》」を得て、惣髪すなわち額上の月代《さかやき》を剃らずに髪を束ねた（束ねずに後に垂らす惣髪もあった）髪型で出勤したという。

焼火間《たきびのま》番頭・二丸《にのまる》留守居などを務め、安政二年（一八五五）に老衰で引退した旗本津田大次郎重華も、鷲巣に倣って惣髪にしていた。鷲巣も津田も惣髪を願い出た理由は「頭冷」

（頭部の冷え症？）だったが、鷲巣の場合は、実は額の上の疵を隠すためだったと伝えられていた。高千石の旗本の額の上にどうして大きな疵が？『醇堂叢稿』は、鷲巣淡路守について次のような話を紹介している。

鷲巣淡路守ハ千石以上ノ生《うま》レナレドモ、十人火消ノ人足《にんそく》トナリテ、法皮《はっぴ》一枚ニテ一番マトキマデカツギシホドノ奴也。ソノトキ喧嘩ヲシテ、ヒヨメキノ所ヲ負傷セシヲ蔽《おお》フガ為メニ、総髪御免ヲ願ツテ西丸御留守居ヲ奉仕セリ。有司《ゆうし》ノ総髪ハコノ人ヲ以テ始メトセリ。

まだ家督を継ぐ前のことだろう。鷲巣は十人火消の人足となり、火事場で一番纏《まとい》を担ぐ大活躍をしたという。

十人火消は旗本が務める定火消《じょうびけし》の異称（定火消が十人だったので十人火消）。定火消に任ぜられた旗本は、それぞれ役屋敷の大部屋に二百人ないし三百人前後の火消人足を抱えていた。臥煙《がえん》と呼ばれた彼ら火消人足たちは、肌に刺青《いれずみ》をし、冬でも法被一枚で過ごしていた。といっても薄汚いヤクザではない。身体屈強で男ぶりも良い彼らは、江戸を代表する男だて（任侠）だったという。あるいは鷲巣は、彼らに憧《あこが》れていたのかもしれない。旗本の身でありながら臥煙となり、火事場でめざましい働きを見せたのだった。
となれば喧嘩《けんか》の機会にも事欠かない。鷲巣が旗本の子弟と承知していても、臥煙仲間は、その程度でひるんだり遠慮したりするヤワな連中ではない。派手な喧嘩の末、鷲巣は「ヒヨメキ」（頭頂部）に傷を負い、これを隠すために額から上の髪を剃らない惣髪を願い出たというのである。

醇堂によれば、有司（幕府の役人）で惣髪で勤務したのは鷲巣が最初だった。はたして醇堂の言う通りかどうか定かではないが、国立公文書館所蔵の「江戸城多《た》聞櫓《もんやぐら》文書《もんじょ》」（幕末の幕府文書等四万数千点）の中に、目付の山口内匠《たくみ》が配下の徒目《かちめ》付《つけ》中山善八郎の惣髪許可を申請した文書があり、その文言にも「頭冷仕候に付、惣髪仕度《つかまつりたし》」と見える。幕臣の髪型規則は、健康上の理由によって緩められたことがうかがえる。

ちなみに幕府が近代的軍備を整備した幕末には、「頭冷」でなくとも惣髪に変えた幕臣がすくなくなかった。おそらくその方が西洋式な装備に適していたからであろう。

カツラは武士の必需品

足袋を履くにも杖をつくにも眼鏡をかけるにも、許可が必要だった幕府の役人たち。とりわけ規則が厳しい髪型については、鷲巣淡路守のような〝任侠旗本〟によってある程度の緩和が実現したが、いずれにしろさまざまな細かい規制に縛られていたことに変わりはない。

服装と髪型。それだけならまだしも、驚くなかれ、彼らの職場では、加齢その他の理由で本人の意志に関係なく進捗《しんちょく》する頭髪の喪失、すなわち禿頭で出勤するのも好ましくないとされていた。目付が目付らしくあるために眼をくりぬいて義眼を入れた話もずいぶん酷い話だが、ハゲは中高年の多くの男性の現象だけに、影響はさらに大きかったに違いない。

なぜ禿頭ではいけないのか。明確な理由を記した史料には出合っていないが、禿頭だと武士として力の衰えを感じさせる（主君のために十分な働きが出来そうにない）のは確かだ。加えて医者や坊主衆と紛《まぎ》らわしいというのも、理由のひとつだったかもしれない。

理由はともかく、禿頭が好ましくないとなれば、役人はなんらかの対策を講じなければならない。さて、どんな対策を。醇堂は言う。「老人禿頭の者も官に在りて職を奉するに、仮髪（俗に付鬢《つけびん》と云）を為して営に登るを允《ゆる》せり」。すなわち彼ら禿頭の幕臣たちは、「仮髪」（カツラ）を着用して出勤したのである。

カツラといっても、当時の男性は一般に頭部左右側面の髪（鬢）を残して額の上まで剃り上げていたから、髪を補足するのは左右の鬢と頭頂の髻《もとどり》の部分だけ。このため男性用のカツラは俗に「付鬢」と呼ばれていた。肥前国《ひぜんのくに》平戸藩の老公松浦静山（一七六〇—一八四一）の随筆『甲子夜話《かっしやわ》』にも、松下隠岐守《おきのかみ》（名は昭永《あきなが》。先手鉄炮頭《さきててっぽうがしら》・作事奉行・鎗奉行などを歴任して、寛政九年に七十七歳で没した）という老旗本が「つけ鬢」をして勤務していたと記されている（巻七十四）。

鬢が薄くなった幕臣たちにとって、カツラは、オシャレ用品という以上に、勤務するための必需品にほかならなかったのである。となれば、当時カツラは、われわれの想像以上に広く用いられていたはずだ。そのことを物語る話が『醇堂叢稿』に載っている。

――ある日、大番組頭《おおばんくみがしら》の上田三左衛門《さんざえもん》が、手紙で呼び出されて上司（大番頭）の石川伊予《いよの》守《かみ》の屋敷に参上した。上田は仮髪（カツラ）を着用していたが、玄関に取り次ぎに出た石川家の家来に挨拶を述べたとき、カツラが落ちているのに気付いた。上田はあわててカツラを拾って頭に載せ、屋敷を辞したのだが……。往来の人々がみな自分の方を見て苦笑《にがわらい》して通り過ぎる。なぜ。下男に尋ねると、彼もまた可笑《おか》しさをこらえて、「御髪ふたつ付き居《お》り候ゆへ」と答えた。なんと上田は頭にカツラをふたつも着け、その様子があまりに奇異なので道行く人の笑いの種になっていたのである。

どうしてこんなことに。上田は自分のカツラの上にもうひとつ別のカツラが載っているのを確認し、事情が判明した。そう、石川家の玄関で落ちていたのは自分のカツラではなく、取次の者のものだったのだ。そういえば彼もまた古稀《こき》近い老人。上田は、石川家の老臣の頭から落ちたカツラを、確かめないまま自分のものと勘違いして頭に載せ、恥ずかしさのあまり、そそくさと石川の屋敷を辞したのだった——。

上田も石川伊予守の老臣も、どちらもカツラを着用していたという話。

カツラ事件が起きたのは、上田と石川の在職期間から天保七年（一八三六）八月から同十二年六月の間であったことがわかる。場所は江戸の小石川界隈。上田は当時醇堂（大谷木家）の隣に住んでいたというから、この話は〝史実〟であると断言していいだろう。

義眼の羽太左京、惣髪の鷲巣淡路守、そしてカツラの上田三左衛門。三人とも現在ではまったく無名の幕臣で、時代劇どころか歴史の学術書にも登場しない。いわば幕臣無名列伝中の人々。しかし彼らの逸事や言動を通して、われわれは、当時の幕臣とその職場の様子をよりあざやかに照らし出すことができるのである。

職場イジメとキンタマサゲ

大坂城内の殺傷事件

今日の日本では、イジメといえば小中学校が主な舞台となっているようだが、江戸時代の史料には、武士たちの職場におけるイジメの事例が多数記録されている。イジメの加害者も被害者も、少年少女ではなく、れっきとしたサムライだった。

幕臣小野直方《なおかた》が隠居後に綴った『官府御沙汰略記《かんぷごさたりゃっき》』という史料にも、次のような悲惨な事件の記事が見える。

――大番頭を務める旗本、水野河内守忠富《かわちのかみただよし》の家来（したがって幕臣ではなく陪臣《ばいしん》）の波多野祖父之助が、大坂在番（大坂城の警衛）を拝命した主人に従ってやって来た大坂城で、同僚七人を殺傷（三人即死・四人負傷）した。波多野は、切腹したのち脇差《わきざし》で喉《のど》を貫いて堀に落下した。延享《えんきょう》三年（一七四六）六月七日亥刻《いのこく》（午後十時頃）のことである。波多野は二十九歳。「兵《つわもの》ノ家ニ生レシ身ナレトモ　カクナル上ハオロカ也《なり》ケリ」という辞世を記した扇子が、屏風の上に置かれていたという――。

職場のイジメが引き起こした殺傷事件といえば、文政六年（一八二三）四月二十二日に江戸城西丸で書院番の松平外記《げき》が同僚五人を殺傷した事件がよく知られているが（事件の詳細は氏家『江戸の怪奇譚』を参照）、それより七十七年前にも、大坂で同様の事件が起きていたのである。

波多野の事件は、松平外記事件のように刃傷《にんじょう》に至った経緯が記されていないが、『官府御沙汰略記』に「遂鬱憤死」（鬱憤死《うっぷんし》を遂《と》ぐ）とあり、同僚たちに対する積もり積もった怨みが原因であったことは疑えない。

小野直方にとって、イジメなどによる職場のストレスの犠牲者は、もっと身近な所にもいた。直方の次男で舘野《たちの》家に養子入りした忠四郎もまた、宝暦《ほうれき》四年（一七五四）七月二十七日に、「気鬱《きうつ》」のため出勤できなくなり、ようやく十二月十日になって、「昼番」だけ出勤したいと願い出た。忠四郎は当時徳川三卿のひとつ田安家の近習《きんじゅう》番《ばん》を務めていた。本来なら当番日は宿直するところ、昼間だけしか勤務できない状態だったのであろう。「気鬱」は鬱病的な状態をさしていたと思われる。

陰湿で卑劣なイジメ

水野為長《ためなが》が、老中職にあった主君松平定信に報告した情報（『よしの冊子《そうし》』所収）からも、幕府内のイジメの様子がうかがえる。

——番方《ばんかた》（幕府の軍事組織を形成し、平時は江戸城内の警衛などを務める）では、今でも先輩（「古く勤《つとめ》候もの」）による新人イジメの悪風が止みません（「新入をいじめ候事相止不申《あいやみもうさず》」）。先輩たちは新入りの仲間に向かって、まるで自分の家来でもあるかのように、ああしろこうしろと命令し（「手前かふしやれ抔申《など》」）、家来に言いつけるより気兼ねがなくていい（「家来を仕《つか》ふよりハ新番を仕ふが気ばらぬ」）などとうそぶいているとか。

このようなイジメを取り締まるはずの組頭たちも、以前は自分もそうしていたので、見て見ぬふりをしているようです——。

水野がこう報告したのは天明《てんめい》八年（一七八八）のこと。二年後の寛政二年には、小性《こしょう》組《ぐみ》のうち、酒井因幡守《いなばのかみ》と仙石伯耆守《ほうきのかみ》が番頭を務める組の内情が次のように定信に報告された。

——これらの組では帳役（古株の者がなる世話役の一種）に悪い奴（「姦物」）がいて、同僚をいじめ、金までせびり取るそうです。しかし組頭が帳役を信頼しきっているため、番頭の酒井因幡守はこのことを知らない様子。酒井の組ではまた、（昇進の可能性のない）古株の者が昇進をめざして精勤する同僚を妬《ねた》んで（なにかと足を引っ張るので）、やる気のある者（「志の御《ご》ざ候者」）は甚《はなは》だ迷惑しているとか――。

松平定信が幕政改革を推進し、幕臣の綱紀《こうき》粛正《しゅくせい》がなされている当時ですら、この体《てい》たらく。幕府の職場で、いかに陰湿で卑劣なイジメが慣習化していたかが察せられる。

大胆不敵な行動

矢部定謙《さだのり》（一七八九―一八四二）という旗本がいた。気骨のある清廉潔白《せいれんけっぱく》な能吏《のうり》として生前から評判が高く、最近では中村彰彦氏の小説『天保暴れ奉行』の主人公にもなっているから、ご存じの読者もすくなくないだろう。

先手鉄炮頭、堺奉行、大坂西町奉行、勘定《かんじょう》奉行などを経て、天保十二年（一八四一）に江戸南町奉行を拝命した矢部は、大坂町奉行時代に、飢饉で苦しむ人々を救済して名奉行と謳《うた》われるなど、数々の功績で知られる人物だった。

しかし天保改革の施策をめぐって、老中の水野忠邦《ただくに》らと対立。改革の強行を主張する鳥居耀蔵《ようぞう》の暗躍によって、天保十二年の十二月に江戸町奉行を罷免《ひめん》され、さらに翌年三月、冤罪を主張して幕政を批判したとして、伊勢国《いせのくに》桑名藩主松平定猷《さだみち》に「永預《えいあずけ》」（終身お預け）となり、あわせて養子の鶴松も改易《かいえき》になった。矢部はその年（天保十三年）七月に桑名の地で死去。享年五十四歳。死因は餓死で、水野や鳥居らに抗議して断食を続けた末の壮絶な自死だったと伝えられている。

矢部定謙については、生前も死後もさまざまな逸事や伝説そして怪談（亡魂の復讐）が語られたが、ここで紹介するのは、彼の青年時代、小性組に番入した頃の武勇伝だ。筆者は香亭迂人《こうていうじん》（旧幕臣で漢学者の中根淑か）。明治三十四年（一九〇一）七月発行の雑誌、『旧幕府』第五巻第六号に「矢部駿州逸事状」と題して掲載されている。

水野為長が松平定信に報告した新入りイジメの悪弊は、矢部が番入した頃もまったく改善されていなかった。香亭は言う。

――古参と新参（新入り）の間には君臣以上の差別があって、古参の者は自分たちのことを「御職様《おしょくさま》」と呼ばせ、新入りの者を「小僧」と呼んでいた。不寝番はもちろん食事の給仕まで新入りにさせ、従わない新入りは公務にかこつけてこれを苦しめた。新入りの矢部が初めて宿直したときのことである。矢部は古参の者から夜食の粥《かゆ》を作るよう命じられたが、鍋を火にかけたまま放って置いた。古参のひとりが矢部に飯が焦《こ》げつかぬよう、なんでもいいから鍋の中をかきまわすよう声をかけた。「小僧、飯の焦げつくを知らすや、何なりとも中を回せ」というように。

すると矢部は、俺は小身《しょうしん》の旗本だが飯炊きの経験がないので火加減などわからないと大声で述べたのち、その場にあった大蠟燭《おおろうそく》で鍋をかき回しはじめた。蠟燭が融《と》けて粥に混じったのは言うまでもない。これを見た古参の者たちは「舌を吐き唯呆《ただあき》れに呆れて」、あまりのことに仰天して、もはや矢部を咎《とが》めなかったという——。

陰湿なイジメを繰り返す連中には、大胆不敵な行動をもって対抗せよ。仲間とグルになって新入りをなぶる古参など、所詮は臆病な卑劣漢《ひれつかん》に過ぎない。右の話からそんな教訓が得られるだろう。ともあれ矢部定謙は、新入りの頃から人並みはずれた逸材だったようだ。

新入りイジメ

胸のすくような矢部の手荒い報復に拍手喝采《かっさい》。しかし今回の主人公は彼ではない。残念ながら、矢部定謙は〝無名列伝〟に名を連ねるには著名過ぎる。

というわけで登場を願うのは、朝比奈昌始《あさひなまさもと》という旗本である。

目付、佐渡奉行、長崎奉行、大目付、西丸留守居などを歴任し、文政十年(一八二七)に八十五歳で没した朝比奈だが、先輩たちのイジメに激しく対抗したのは家督を継ぐ前の天明二年(一七八二)、部屋住みの身で小性組に番入したときだった。

醇堂によれば、朝比奈が配属された小性組五番は、前々から「乱暴組」と呼ばれるほど問題の多い部屋(職場)で、なかでも「睾丸酒《きんたまざけ》」という破廉恥な新入りイジメの慣習があったという。皐丸酒とはどのようなものだったか。『醇堂叢稿』の原文を引いてみよう。

まづ新参に番入して此組に入る時は、古参首座の老狸奴　皐丸を出しひろげて盃《さかずき》と為し、酒をたゝへて新入の小狸に這《は》ふて呑《のま》する事也、

読んでのとおり、古参の親玉が自身のアソコの袋を広げて酒を注ぎ、新入りたちに飲ませるという〝新人歓迎儀式〟にほかならない。朝比奈青年は、しかしこんなえげつない歓迎に敢然と立ち向かった（括弧内は氏家による）。

治左衛門《じざえもん》（朝比奈の通称）、この時酒を司るものに下知《げじ》して熱湯の如くし、蕃椒《ばんしょう》（トウガラシ）を多く切込んで、扨《さて》おしよくさま（御職様）、御燗ほどよく出来候、一ぱい頂戴仕るへしといひさま、そのひろげたる皐丸へなみなみとつぎけるに、何かはたまるへき、熱燗《あつかん》に蕃椒を加したれは、ウント一声仰向《あおむけ》に倒れて気絶しぬ、同僚の狸とも周章《しゅう》狼狽《しょうろうばい》、介抱して宅へ帰したりとぞ。

朝比奈は、あらかじめアッアッの酒と刻《きざ》んだトウガラシを用意し、古狸が広げた皐丸袋

に溢れんばかりに注いだというのである。ただでさえ敏感なところに熱湯同然の酒（しかもトウガラシを加えて熱さ倍増）を不意に注がれたのだから、なるほど意識を失うほどのダメージを受けたに違いない。気絶した古参の親玉は、仲間に支えられて帰宅したという。

　これに較べたら、矢部が大蠟燭で鍋をかき回したことなど、ささやかな抵抗に過ぎないと思えてしまう。

幕府衰亡の一因

　醇堂はこんなコメントも書き添えている。「新入りに対する悪戯やイジメは、小姓組など番方の宿直のときだけでなく、各種武芸の稽古場《けいこば》で見られ、とりわけ水泳や騎射の稽古場で顕著だった」（意訳）。さらに「昌平坂学問所など学問の場では、さすがに礼儀を重んじて、このようなことはなかった」とも。

　彼の体験では、どうやらえげつない新入りイジメは、武官系に顕著な現象だったらしい。

　はたして役方（文官系）にイジメはなかったのか。詳細はさだかでないが、いずれにしろ、職場のイジメや児戯《じぎ》に等しい悪戯が悪しき慣習だったことに違いはない。悪弊と百も承知のうえで、醇堂は、「乱暴組」と呼ばれるほど悪名が高かった小性五番組のその後の変化に触れ、次のように記している。

近クハ大ニ衰弱シテ念仏組ノ唱ヲ得ルノ変化ヲ現ゼリ、キン玉酒ナドイヘル戯ハ朝比奈氏矯正ヨリ止《や》ミタリ、ソレニツレテ人物ノ沽券《こけん》モ下落シテ、フルハザルヤウニ陥リシトモ云。

朝比奈の手荒い反撃が功を奏して、小性五番組では睾丸酒のような悪習もなくなり、組の空気は大人しくなった。それはいいのだが全体に活気が乏しくなり、「乱暴組」変じてあの世での幸福を願って念仏を唱えているような「念仏組」と化してしまった。そのせいか、小性五番組からは逸材が出なくなったというのだ。

みんな仲良い明るい職場では、一癖も二癖もある人物は育たない。幾つもの修羅場をくぐってこそ、難局に動じない抵抗力のある役人に成長する。醇堂は、小性組ほか番方におけるイジメの衰退を、幕府衰亡の要因の一つに挙げているのである。

旗本の大悪党

悪事をはたらく勝小吉

勝海舟《かつかいしゅう》の父、勝小吉《こきち》（一八〇二—五〇）が奔放な生涯を送ったことは、よく知られている。子母沢寛《しもざわかん》の小説『父子鷹《おやこだか》』の主人公となり、時代劇にも魅力的な人物として登場した。なによりその自伝『夢酔独言《むすいどくげん》』の内容が無類に面白いのだ。

旗本男谷平蔵《おだにへいぞう》の妾腹の子として生まれ、同じく旗本の勝甚三郎《じんざぶろう》の養子となった彼は、家内のもめ事にたえられず十四歳で家出し、乞食をしながら伊勢参りをして江戸に戻った。そして二十一歳の年にも江戸を出奔。このときは、江戸に戻ると父親によって檻《おり》（座敷牢）に入れられた。

そのせいもあって、小普請《こぶしん》のまま番入が叶わなかった小吉は、天保九年（一八三八）、三十七歳の若さで十六歳の息子麟太郎《りんたろう》（のちの海舟）に家督を譲り、隠居した。もちろん隠居したからといって、静かに茶を啜《すす》って過ごしたわけがない。

「静かに」どころか、小吉は仲間の旗本、七歳年下の諏訪部《すわべ》龍蔵とつるんでさまざまな悪事をはたらいている。不和だった二番目の兄（松坂家に養子入りした松坂三郎右衛門）の判を偽造させ、諏訪部や兄の放蕩《ほうとう》息子らと蔵宿《くらやど》に出向き、兄の名で金百七十五両を借りて派手に散財したり、博打で大勝ちした諏訪部の用心棒を務めたり、という具合である。

諏訪部が手持ちの十三両と小吉から借りた十両を元手に出かけた賭場《とば》では「狐ばくち」（サイコロを三つ使う狐チョボか）が行われ、諏訪部は蔵宿の主人や大商人を相手に六百両ほど勝ったとか。

ところで、蔵宿を騙《だま》して金を借りるのは小吉の独創的な悪知恵ではない。

蔵宿とはどのような商人か。領地から年貢が納められる「知行取り」の旗本はともかく、中流以下の旗本や御家人は「蔵米《くらまい》取り」で、幕府から年三回に分けてそれぞれの俸給を米（蔵米という）で受け取り、自家用の米を差し引いた残りを販売して現金化していた。この蔵米の受け取りや販売を代行した業者が蔵宿（札差《ふださし》とも言う）で、彼らは手数料収入を得るだけでなく、旗本御家人に蔵米を担保に金を貸して蓄財していた。

おのずとその力関係は逆転せざるをえない。安永《あんえい》八年（一七七九）刊の『誹風柳多留《はいふうやなぎだる》』十四篇にも「人は武士なぜ蔵宿にあてかわれ」の句が。「一番偉いはずの武士が、どうして蔵宿の町人から食いぶちを支給されなければならないの?」と意訳できるだろう。

太る蔵宿と借金がかさむばかりの幕臣たち。幕府は、寛政元年（一七八九）に蔵宿に対する借金の返済を免除する「棄捐令《きえんれい》」を発令して幕臣の救済をはかったが、その結果、蔵宿は〝貸し渋り〟をするようになり、追いつめられた幕臣の間では、「蔵宿師《くらやどし》」に頼んで、蔵宿から金を借りようとする者が増えたという。蔵宿師とは、金に困った蔵米取りの幕臣から高額の礼金を受け取って、蔵宿に多額の借金を強請《ゆす》るワルな連中にほかならない。

寛政八年（一七九六）の幕府の文書（『業要集《ぎょうようしゅう》』所収）によれば、その手口は次のようだった。

――依頼者の幕臣の親族であると偽って、蔵宿の店に出向き、高額の借金を要求する。断られると、彼らは大声をあげて脅《おど》し、店の者の胸倉をつかんで壁に押し付けるなど乱暴な行為におよぶ。蔵宿側はしかたなく一度は要求に応じるが、彼らは一度では収まらない。たとえば依頼者が屋敷を購入するのでまとまった金が必要になったなど、真っ赤なウソをついて、再び借金をせがみに訪れる。強引なだけではない。どこの馬の骨とも知れない男を屋敷の売主に仕立てて同伴するなど、悪知恵にも事欠かない――。

正真正銘の旗本が蔵宿師になる場合もすくなくなかった。たとえば寛政八年に蔵宿を恐喝したとして（すなわち蔵宿師の罪で）追放刑に処されたのは、小尾輔房《おびすけふさ》、佐野正勝《まさかつ》、池田貞恒《さだつね》、中村信屋《のぶおく》といった旗本で、このうち、小尾は四年前に辞職し、中村と佐野はともに五十代の隠居旗本だった（『寛政重修諸家譜《かんせいちょうしゅうしょかふ》』）。小尾と佐野は蔵宿師の親玉だったらしい。

してみると、勝小吉らは蔵宿師の〝伝統〟のうえに、あのような悪事をはたらいたと言える。蔵宿から金を騙り取《かた》るのは、暇《ひま》でワルな幕臣たちの常習的な手段だったのかもしれない。

小吉よりさらにワル

相棒の諏訪部龍蔵についても触れておこう。諏訪部は、天保六年（一八三五）に家督を相続して小普請となったのち、同八年に西丸小十人《こじゅうにん》を拝命した。つまり小吉とつるんで詐欺行為や賭博で金を稼いだのは、現職のとき。小吉よりさらにワルだった。その後、水泳が巧みだった彼は、講武所《こうぶしょ》（幕臣に砲術や剣術などを習得させるために幕府が設けた講武場）の「水泳世話役」を経て、万延《まんえん》元年（一八六〇）に軍艦所（のちの海軍所）の「水泳教授方」となっている。

水泳の教官として幕府海軍育成の一端を担った諏訪部は、軍艦所の火災後、水泳の教習が中止になったのを憂い、元治《げんじ》元年（一八六四）十月、「水泳所」（水泳教習所）の新設を求める願書を提出した（「江戸城多聞櫓文書」のうち「水泳所御開之儀ニ付奉願候書付」）。

もっとも幕府の財政に余裕はなく、諏訪部は、上野牧《まき》・高田牧（幕府直轄の牧場。現在の千葉県流山《ながれやま》市と柏市のうち）の遊閑地などを「水泳所助成地」として開発し、収穫された作物を販売した収益で水泳所を運営する構想を述べている。しかし彼の願いは結局採用されなかったようだ。結果はともあれ、願書には、幕府海軍の水泳力向上を願う諏訪部の熱い思いが綴られていた。

熱い思い？　残念ながら、勝小吉らと蔵宿師まがいの詐欺行為を演じた彼が、水泳教習の情熱から水泳所の運営を構想したとはとても思えない。右のような資金調達を幕府に認可させ、それによってすくなからぬ収益を自分の懐に入れようとしたのではないか。そう推測するのが妥当であろう。

残虐で破天荒な悪党

勝小吉と諏訪部龍蔵。不良旗本には違いないが、しかし悪党と呼べるほどのワルではない。同じ旗本の富安《とみやす》九八郎《はちろう》に較べれば、二人の悪事など可愛いと思えるほどだ。

富安九八郎とは何者か。幕臣としての経歴はさだかではない。『徳川実紀』の天保九年（一八三八）六月二十九日の記事に「この日、甲府勤番富安九八郎、罪ありて六郷兵庫頭《ひょうごのかみ》にあづけられ」とあり、甲府勤番の富安が何らかの罪で、出羽国《でわのくに》本荘藩主の六郷兵庫頭政恒《まさつね》に預けられたことがわかる。富安の子の市三郎と與《よ》三郎はともに改易《かいえき》となり、家は断絶。小普請のときの上司（小普請支配）だった中山信濃守《しなののかみ》も連座して「御前をとゞめらる」、将軍への拝謁が禁止された。富安が犯した罪の重さがうかがえる。

大谷木醇堂『醇堂叢稿』は、富安が弘化《こうか》元年（一八四四）冬に配所（本荘）で没したと記している。享年は未詳。なお『寛政重修諸家譜』に記載されている富安直章（通称は同じく九八郎）は、この富安九八郎の先代と思われる。

富安は一体どのような悪党だったのだろうか。『醇堂叢稿』の記述によってその行状を振り返ってみよう。

――文政年間（一八一八―三〇）のこと、寄合《よりあい》（禄高三千石以上で非役の旗本）の伊東主膳《しゅぜん》が、「御禁制」（捕獲禁止）の鶴を獲って調理して食べたことを咎《とが》められ、改易となった。これを聞いた富安は、「主膳大馬鹿也、鶴を取りて家をほろぼすなど、らちも無き次第なり、我も鶴を取つて喰ふべし」とうそぶき、本所小松川へ出かけ、懇意の百姓に鶴を捕獲させて、存分に食らった。このことが知れ、富安と百姓は厳しい尋問を受けたが、富安は断じて事実を認めなかった。

百姓が鶴を獲ったことを白状すると、富安は百姓が獲って自分に食べさせたのは鶴ではなくコウノトリであると述べ、百姓に向かって「汝は大の空事《そらごと》を吐く奴かな」（大うそつきめ！）と叱咤《しった》した。「上を欺《あざむ》き予を偽《いつわ》る不届もの」と大声で極めつけられた百姓は、平伏して自供を取り下げるしかなかった。富安は担当の奉行に対して、「その通りに候」（この通り拙者は無実だ）と誇らしげに述べた。奉行は、富安が鶴を食ったに違いないと確信しながら、なすすべがなかった――。

大胆不敵。傍若無人。富安は幕府の奉行をやりこめるのを楽しむために、ただそのために、家断絶の危険まで冒して、鶴の肉を食らったのである。

彼にとっては、百姓町人の命など塵芥《ちりあくた》に等しかった。

――上州から来た絹売り商人を騙して絹を奪ったうえ、商人を殺害した富安は、その屍を大きな桶に入れ、わが屋敷の門前に置かせた。翌日、富安は「拙者門前へ昨夜何ものやらん、死人を桶に入れ候を捨置《すてお》き候」と目付に届け出た。自分は桶の中の屍とはまったく無関係であるかのように――。

姦計をめぐらして殺害したのは上州の絹商人だけではない。

富安は、日頃は自宅で門人に読書を授け、剣術を教えていたが（彼は文武両道に通じていたのである）、その裏では賭場も開いていた。ある日、剣術に長けた何某が来て大勝ちし、大負けした富安は、激怒して門人たちに何某《なにがし》を袋だたきにさせた。いずれ必ず報復に来るに違いない。相手が剣術の達人だけに恐怖を感じた富安は、次のような手段を講じたという。

――富安は、あらかじめ幕府（目付であろう）にこう報告した。拙者の家に出入りする何某は、拙者の妻や妾に恋慕し、あろうことか関係を迫っている。妻妾たちは拒み続けているが、今後、何某の捨て置きがたい行為をこの眼で確かめたときは、打ち捨てる覚悟である。この段ご承知おきいただきたい。

そして、はたして何某が報復に訪れた。待ち構えていた富安は、門人たちに立ち向かわせ、何某が弱ったところを自らの手で討ち果たした。幕府に報告済みだったので、もちろんお咎めはなかった——。

醇堂によれば、これらさまざまな罪が露顕して富安はついに本荘藩にお預けとなったのだという。醇堂はまた富安が平生から小禄の身に相応しくない衣装や所持品で身を飾り、大名や幕府の重役のもとに盛んに出入りしていたと伝えている。色欲も旺盛で、妻のほかに数人の妾を抱え、家内の女性にはすべて手をつけたとも（「その婦人に於る、わが門戸に入るもの一人として馭《ぎょ》せざる無しと」）。

その結果、もうけた男子は十二人。息子らが成長したら、月替わりでその世話になれると吹聴していたとか。

残虐で破天荒な悪党。しかしこれほど悪行を紹介しながら、醇堂は不思議なことに富安を「当時の豪傑なり」「おしむべし」と評している。「人を見るの伯楽《はくらく》無きを如何《いかん》」（人材を見抜く人物が幕府にいなかったため）とも。

泰平の世に、幕府の法も家の存続もお構いなし、姦計《かんけい》を巧みにめぐらしてきっちり目的を達した富安に、醇堂は人並みはずれた才幹と度胸を感じたのである。

もし幕府の上層部に彼の能力をうまく活用できる人物がいたら……。富安は起業精神に富んだスケールの大きい役人として活躍し、ひいてはああも無残に幕府は衰亡しなかったのではないか。醇堂のそんな思いが「おしむべし」という言葉に集約されている。

番町の詐欺師

処女は百人に一人

江戸の番町《ばんちょう》の辺《あたり》（現・千代田区）は、旗本などの武家屋敷が並ぶ、上品でお堅い町だった。そう思っていたら、『醇堂叢稿』にこんな記述が。「番町屋敷方の息女達、何れも習慣の淫《いん》奔《ぽん》多く、穴隙《けつげき》を鑽《き》らさるもの、百にして一也」。

「番町辺の武家の息女たちは当地の風として淫奔な娘が多く、処女は百人に一人くらい」と意訳できるだろう。醇堂はまた、番町の武家の娘には西施《せいし》や小町、衣通姫《そとおりひめ》（和漢の代表的美女）のような美女が多いのだが、していることといったら、驚くばかり（「其行状を聞て愕《がく》然《ぜん》せしむ」）とも記している。

たとえば岡部庄左衛門や松平卯（宇か）右衛門の娘は、ともに「番町路考《ろこう》」（路考は歌舞伎の女形瀬川菊之丞の俳名）と呼ばれるほどの美女だったにもかかわらず、その「醜行」（淫奔な行状）がわざわいして、お嫁に行けなかったとか。岡部庄左衛門と松平宇右衛門の家は、それぞれ千二百石と五百石の立派な旗本でありながら、息女たちの色恋沙汰に歯止めを掛けられなかったらしい。「当時、番町屋敷の御嬢さまといへは、縁談の物色《ぶっしょく》殊の外に面倒なりしもおかし」。岡部らの娘にかぎらず、当時（醇堂が体験した、天保以降幕末に至る時代）、番町辺の旗本のお嬢さんというと、それだけで良縁がまとまりにくかったというのである。

「家宝」を質に入れる

お嬢さんだけではない。番町辺の旗本の二、三男はさらに問題が多かった。「この所に住する武家の二、三男の放蕩《ほうとう》無頼《ぶらい》乱暴なるも、またそのむかしの名物にして評判高く」、麹町や飯田町など近辺の商店は彼らを蛇蝎《だかつ》のように恐れていたという。

なかでも悪名高かったのが、旗本江原《えばら》家の二男、銀次郎《ぎんじろう》だった。

小川恭一編『寛政譜以降旗本家百科事典』によれば、江原銀次郎は禄五百石で、居屋敷は表《おもて》二番町。安政二年（一八五五）当時、大番《おおばん》加納組に所属していた。現在のところわかるのはこれだけ。生没、経歴等はいずれ新しい情報を得たとき補足することにして、『醇堂叢稿』によって、商店主たちを悩ませた銀次郎の詐欺の手口をご紹介しよう。

ある日、銀次郎は蜥蜴《とかげ》を二匹つかまえ、桐の二重箱に閉じこめた。十日あまり経ってから、この箱をうやうやしく紫《むらさき》縮緬《ちりめん》の服紗《ふくさ》に包み、さらに鬱金木綿《うこんもめん》で上を覆った。

一体なんのために。銀次郎はこれを麹町十丁目の質屋、伊勢屋に持ち込んで、こう述べた（意訳で）。「この品はわが家に伝来する重宝で、祖先が勲功を立て朝廷から下賜《かし》された生き龍の雌雄《しゆう》である。将軍から頂戴した知行地の御朱印にもまして大切な宝だが、さしあたりまとまった金が必要になったので、こうして日頃から懇意にしている貴店に質に入れに来た次第だ。どうか内々でお預かりいただきたい」。

家宝である〝生きた龍の雌雄一対〟を金に困ったから質に入れたい？　誰が聞いてもうさんくさいではないか。当然、経験豊かな質屋の番頭も承諾しなかった。番頭曰《いわ》く。「質屋の規則で、質入れの品は眼で確かめなければなりません。たとえ御得意のお客さまでもこの規則だけは曲げられません」。

銀次郎は、番頭の言葉を待ってましたといわんばかりに、「箱の中を見たいというなら、当方は拒まぬが、なにせ生きた龍なので、蓋《ふた》を開ければ、天上に飛び去るに違いない。そうなったら、貴店もわが家も滅亡はまぬがれぬぞ。だから中を確かめるのはよしたほうがよい」と応じた。

両者は互いの言い分を主張。しかし結局は箱の中を確認しなければならぬということになり……。

さて、蓋を開くと、十日以上も餌を断たれていた蜥蜴は、空腹のあまり瞬《またた》く間に箱から逃げ出し姿を消してしまった。

銀次郎はどうしたか。彼は内心ほくそ笑《え》みながらも、「扨《さて》こそ案の通り一大事出来たり、拙者此所にて屠腹《とふく》すべし、前途処分之事何分宜敷《なにぶんよろしく》たのむ」（意訳「予想していたとおり大変な事になった。拙者はここで腹を切るから、後の始末を頼む」）と述べ、脇差《わきざし》を抜いて自らの腹に突き立てようとした。

こんな所で切腹されてはたまらない。奥から店の主人や家族が駆けつけて銀次郎を止めたのち、地主や名主・五人組などが間に入って銀次郎をなだめ、伊勢屋が五百両払うことで示談が成立した。

トカゲ二匹で五百両の大金をせしめた江原銀次郎の姦計。伊勢屋は詐欺の手口と気づきながらも、天下の旗本に腹を切られたら店の存続があやういと判断して、しかたなく大金を払ったのであろう。

旗本の息子とはいえ、こんな不良がいつまでも野放しにされているわけはない。悪行を積み重ねた末に、銀次郎は同類たちとともに処刑され、それからは「麹町の商人ホッと息を継て、しばしは安堵《あんど》したりけり」と『醇堂叢稿』は記している。

蔵宿師の詐欺術

江原銀次郎の詐欺は、トカゲや小道具を用いたいささか子どもっぽいものだったが、蔵宿師を業とする者の中には、さらにあざやかな手口で大金を手に入れる達人もいた。昌平坂学問所の教授を務めたインテリ旗本鈴木桃野《とうや》（一八〇〇—五二）が嘉永二、三年（一八四九、五〇）に著した『反古《ほうぐ》のうらがき』に登場する蔵宿師がそれだ。

恐喝や詐欺まがいの手段で蔵宿（札差）に金を融通させ、依頼者の幕臣から（金を借りてやった）見返りに手数料を取るのが蔵宿師。そんな蔵宿師を業としていたのは、桃野が知る男だったが、桃野は「其名《そのな》明《あか》し難し」と男の名を明かそうとしない（したがって何某と呼ぶことにする）。桃野があえて名を隠した理由は、何某が幕臣かその一族だったからではないだろうか。

酒と博打が大好きな何某は、この種の男の多くがそうであるように、まとまった金が手に入ると廓《くるわ》や美食（そしてもちろん博打）で費やし、金に困ると悪事を思いつくのを常としていた。ある年の暮れ、一人娘に着物を買ってやるわずかな金にも事欠く状態で大晦日を迎えた。

やって来るのは、掛売《かけう》りの代金を取り立てる者たちばかり。彼らは「無い金は払えぬ」と言えば撃退できたが、可愛い娘が正月に新しい着物を着せてほしいとせがむのには参ってしまった。そのためには二分《にぶ》（一両の半分）ほどの金がどうしても必要だ。何某はどうしたか。『反古のうらがき』には彼が取った行動が詳しく記されている。

――何某は近所の料理屋に、大勢の客があると言って、金三両分の飲食の仕出しを注文した。料理を盛る器はできるだけ大きく立派なものをというので、料理屋は、藍染付《あいそめつけ》の大皿や沈金《ちんきん》に朱塗りの大平碗、黒漆の上に金箔や金粉で景色を描いた高級な器などに山海の珍味を盛りつけて家に届けた。

すると、何某は手の込んだ料理を惜しげもなく家の前の溝に捨て、器をよく洗って近くの質屋に持ち込んだ。二分の金が入ると、さっそく古着屋で娘の着物を買って家に帰った。娘の喜ぶ顔を見て、何某がホッとしたのは言うまでもない。

翌日、料理屋が代金と器を取りに来たが、何某は、まだ食べ残しがあるといって渡さなかった。しばらくして再び請求されると、料理の残りを器ごと客の家に送ったので、器が戻ったとき渡すという。料理屋の者が取りに行こうとしたが、何某が教える客の住所が遠すぎるので、もうすこし待つことにした。

ところが二、三日過ぎても連絡がない。これは怪しいと、何某を問い詰めたが、答は以前と同じだった。ようやく騙されたと覚った料理屋は、料理の代金は貰えなくても、高価な器だけは必ず取り戻すよう使いの者に指示したが、何某はもうすこし待ってくれと言うばかり。

困り切った料理屋は、とうとう何某に頭を下げて、こう懇願した。「たゞ器もののみ返し給はらば、上なき御慈悲なり、いづちかへおくり玉ふ、それのみあかさせ玉《たま》へ」。なんと「お慈悲ですから、器の在処《ありか》を教えてください」と詫びたのだった。それでも何某は、飲食代は支払うし、器もきっと返すと言い張った。しびれを切らした料理屋が器の行方を追及すると、何某はようやく近所の質屋に預けてあると述べた。料理屋は質屋に駆けつけ、高価な器の数々を取り戻して安堵したという――。

蔵宿師の何某は、結局、騙した相手に訴えられることもなく（それどころか頭を下げさせ）、娘のために目的の金を手に入れたのだった。みごとな手口である。

それにしても、なぜ運ばれてきた高価な料理に箸もつけずに下水の溝に捨ててしまったのだろうか。桃野はその理由を簡潔に「かゝる人はものおしみはせぬものなり」と記している。騙しのテクニックに長けた知的な詐欺の達人は、金があればいつでも満たせる口腹の欲には概して淡白というのだろうか。それとも節約は詐欺師には似合わないということだろうか。

「贋物師」と「似物師」

時代は下って明治時代。小説・翻訳・評論と幅広い文筆活動で知られる内田魯庵《ろあん》（一八六八—一九二九）は、明治の末に著した随筆の中で「贋物師《にせものし》」を取り上げている。贋物師とは、文字通り贋物を作成する人々だ。

たとえば日本画家の田中有美《ゆうび》は、古い写経や絵巻の模作が得意で、実業家の朝吹英二が所蔵する「扇面写経」を借りて、その模作を二枚作成した。うち一枚がめぐりめぐって福岡孝弟《たかちか》子爵の手に。福岡が大変な掘り出し物だと吹聴していると聞いた田中が、福岡邸を訪れて拝見したところ、なんと自分が描いた模作ではないか。田中に事実を告げられて、一流の鑑定家を自負する福岡は「大にギャフン」となったとか。

田中有美は意識的に贋物を作成したわけではなかったが（あくまで模作）、山水画を得意とした大八木《おおやぎ》也香《やこう》の場合は、某氏にひと月二百円で雇われ、二階に籠もりきりで江戸時代の画家、谷文晁《たにぶんちょう》の贋作《がんさく》を量産した。大八木が文晁風の絵を描くのに眼を着けた某氏が、贋作を描かせて一儲けしようとしたのである。

魯庵はこんなケースも挙げている。日本画壇の重鎮、橋本雅邦《がほう》と懇意の男が「雅邦」と彫った印を見せて、魯庵に言った。

——雅邦の模倣が上手な画工に雅邦風の絵を描かせ、この印を押す。しかるのちにこの印を雅邦に贈ったらどうなるか。雅邦は新作の落款《らっかん》にこの印を用いるだろう。「ソコデ前の画工にかゝせたヤツが活きてくる、ドウダ巧《うま》い趣向だろう」——。

ひどい手口ではないか。ともあれ贋物師としては巧妙この上ない。

ところで貞享《じょうきょう》五年（一六八八）刊の浮世草子『人倫糸屑《じんりんいとくず》』にも、贋物の骨董品を拵《こしら》える連中が「似物師《にせものし》」の名で登場する。どうやら内田魯庵が紹介した「贋物師」の系譜は、江戸時代にさかのぼるようだ。悪知恵とはいえ想像力に富んだ手口は、庶民のよくするところではない。彼らの中には、熟練の職人や僧侶ばかりでなく、武士や浪人がすくなからず含まれていたと推測される。

蔵宿師や詐欺師として活躍した幕臣たちの所業を振り返るとき、詐欺であれペテンであれ、そのプロが、あきらかな犯罪者であるにもかかわらず「師」を付けて呼ばれてきた理由が、なんとなくわかるような気がした。たんに知識（たとえ悪知恵であっても）に富み、技にすぐれ、頭の回転が速いから「師」ではなく、幕臣など武士の仕業でもあったから、というのが私の臆測である。自信はあまりない。

#【第二章】

高齢者の職場「老衰場」

旗奉行と鎗奉行

江戸城内に「老衰場《ろうすいば》」と呼ばれる場所があった。といっても、そこは末期《まつご》患者のためのホスピスではなく老人介護施設でもない。もちろん、姥捨《うばす》て山でも。

幕臣たちの異動願いが「場《ば》所替願《しょがえねがい》」と呼ばれたように、「場所」や「場」は、職場やポストを意味していた。「老衰場」とは、すなわち高齢の幕臣のためのポストを言う。「老衰場」という表現が幕府の正式な文書（公文書）で用いられていたかどうかは定かでないが、すくなくとも幕臣たちの間では広く通用していたようだ。

老中以下、幕府のさまざまな役職の職掌や沿革、昇進コースなどを記した『明良帯《めいりょうたい》録《ろく》』（一八一四年序）にも、「老衰場」の語が見える。著者は、小田原藩士の山形彦左衛門豊《とよ》寛《ひろ》。山形は「御《お》旗《はた》奉行」（旗奉行　徳川家の軍旗や馬印《うまじるし》などを掌《つかさど》る奉行）について、「此場《このば》は老衰場にして先途《せんと》大抵なし、式日登城斗《ばかり》、御成《おなり》の節勤番、隊卒は蓮池《はすいけ》御門にあり」と記している。「旗奉行は老衰場で、旗奉行から昇進する例はほとんどない。定まった式日に登城し、また将軍の御成の際に勤番するだけだ。旗奉行に従う隊卒（与力・同心）は蓮池門に詰めている」という意味だろう。

『明良帯録』は、「御鎗奉行《おやり》」（鎗奉行）も「老衰場」としている。旗奉行も鎗奉行も老中支配で二千石高の旗本が拝命する役職である。戦時には重要な役だったが、泰平の世にはまったくの閑職と化し、高齢の旗本の名誉職となっていたのである。

はたして旗奉行、鎗奉行には高齢者が多い。大久保彦左衛門忠教《ただたか》は寛永《かんえい》九年（一六三二）六月に七十三歳で旗奉行になり、翌年三月、在職中に没したし、天野弥五右衛門長重《やごえもんながしげ》は、元禄《げんろく》二年（一六八九）五月に六十九歳で鎗奉行になったのち、同七年に七十四歳で旗奉行に転じ、八十一歳で辞職している。筒井肥前守政憲《ひぜんのかみまさのり》の場合は、安政《あんせい》四年（一八五七）に八十歳で鎗奉行となり、同六年、在職中に八十二歳で没した。

高齢者が拝命するため、おのずと老衰等の理由で辞職するケースがすくなくない。まれに異動する場合もあるが、それは鎗奉行から旗奉行や西丸留守居《にしのまるるすい》に転じるもので、いわば老衰場から老衰場への異動にほかならない。最も多いのは、在職中に没するケースだ。鎗奉行や旗奉行といった老衰場はまた、臨終場でもあった。

砲兵と歩兵にも

先に、老衰場という語が幕府の公文書で使用されたかどうかは定かでないと言ったが、「老衰」や「老衰御褒美《ごほうび》」といった語は、公文書にしばしば登場する。

老衰御褒美とはなにか。幕臣は死ぬまで将軍に御奉公が原則だったが、七十歳に達し、体力、気力ともに衰えたとき、老衰御褒美を頂戴して役職を辞することができた。つまり老衰御褒美とは、不可もなく長年務めた幕臣に対するご褒美にほかならない。

かといって誰もが貰えたわけではない。最近五年間に重い謹慎処分を受けた者、現在の役職に就いて十年未満の者は対象外とされるなどの細則が定められていた。その一方で、対象外であっても、八十歳以上の者には特例で老衰御褒美が下されたケースもある。

寛政《かんせい》二年（一七九〇）四月には、河合武左衛門（御附人・田安賄頭《まかないがしら》台所頭兼）に対して、定例の倍額の銀十枚の御褒美が下された。なぜか。『老衰御褒美之留《とめ》』（老衰御褒美の前例を記した資料）によれば、それは河合が享保《きょうほう》二年（一七一七）以来、九十歳の現在まで七十四年も御奉公した（勤務した）からである（「九十歳迄《まで》御奉公七十年余相勤候付」）。老衰を理由に引退と小普請《こぶしんい》入りを願い出た極老《ごくろう》の河合に、幕府は倍額の老衰御褒美で報いたのだった。ちなみにこのような小普請を「老衰小普請」といい、通常の小普請と異なり小普請金が免除された。

老衰御褒美の記録を見ると、老衰場の場合同様、幕府が高齢の幕臣のためにいかに多くの「閑職」を用意していたかがわかる。有名無実の役を与えられ禄を得ていた高齢者は、鎗奉行や旗奉行だけではなかったのである。

その驚くべき実例を、四万数千点の幕末幕府文書から成る「江戸城多聞櫓《たもんやぐら》文書《もんじょ》」（国立公文書館蔵）から拾ってみよう。取り上げたのは、慶応三年（一八六七）の二点の文書だ。

ひとつは、砲兵頭が、配下の砲兵天谷万平の小普請入りと老衰御褒美を願い出たもの。天谷万平は、御目見《おめみえ》以下で七十五歳。老衰のため歩行も不自由で勤続不能なので（「追々老衰仕、歩行不自由に罷成《まかりなり》、御奉公難相勤《あいつとめがたく》候に付」）、本人の願い通り退職させ小普請とし、相応の老衰御褒美を下されたいというのである。砲兵頭は、天谷は長年（四十九年）怠りなく御奉公し、これまでに遠慮・逼塞《ひっそく》・閉門等の罰を受けたこともないと述べている。

もう一点は、撒兵頭《さっぺいがしら》が、配下の撒兵渡辺恒蔵の小普請入りと老衰御褒美を願い出た文書。渡辺は、天保《てんぽう》九年（一八三八）十二月に富士見宝蔵下番となり、この年（慶応三年）正月に撒兵を拝命した。御奉公三十年、七十九歳の高齢者だった。撒兵とは、幕末に創設された幕府の洋式歩兵である。

幕末の動乱期。西洋諸国の近代的な軍備に衝撃を受けた幕府は、文久《ぶんきゅう》二年（一八六二）に歩兵（撒兵）・騎兵・砲兵の「三兵」から成る将軍直属の常備軍を編成し、フランスから軍事教官を招いて大規模な演習を行うなど、軍備の近代化に努めていた。

努めていたはずなのだが、さて、その現実は……。本来なら選りすぐった若者で構成されるべき洋式の幕府軍の中に、七十五歳の砲兵や七十九歳の歩兵（撒兵）が含まれていたのである。言うまでもなく、歩行も不自由な高齢者を虐待するためではなく、長年奉公した幕臣が老衰御褒美を貰ってめでたく引退できるようにするための、優しい人事だった。

最大の課題であった近代的軍備の確立より、高齢の幕臣たちの処遇が優先された奇怪さ。幕府と幕臣の組織的な緊張感の欠落が、老衰御褒美の記録から看《み》て取れるのである。

極老者たち

幕府の人事が敬老精神にあふれていた影響か、とりわけ江戸末期には、高齢で現職の幕臣たちの存在が目立ちはじめる。

一例を挙げてみよう。嘉永《かえい》五年（一八五二）八月、大谷木醇堂《おおやぎじゅんどう》は、祖父の米寿の祝宴に長寿者を招いた（『醇堂叢稿《そうこう》』）。祖父の大谷木藤左衛門は、峰姫用人（峰姫は十一代将軍家斉《いえなり》の女で、水戸藩主徳川斉脩《なりのぶ》の夫人）や二丸《にのまる》留守居を経て、安政三年（一八五六）に老衰で引退した（前述のように実際は死亡していた）旗本である。

招待したのは次の八人。

——飯田潤助（青木氏の家臣　百十七歳）、石崎源八（表台所人　百十三歳）、山田伊助（川舟改役手代　百十三歳）、井上元七郎（林奉行　九十九歳）、吉見本次郎（西丸台所頭　九十七歳）、津田大次郎（二丸留守居　九十六歳）、青木半蔵（同　八十六歳）、筒野藤一郎（末姫用人並　八十三歳）——。

飯田潤助が青木家（摂津国《せっつのくに》麻田藩主か）の家来であるほかは、すべて現職の幕臣である。うち井上元七郎（名は胤隆）は、醇堂の祖父と竹馬《ちくば》の友で、日頃からしばしば大谷木家を訪れ、醇堂が給仕に出ると、「俺の長寿にあやかれ、あやかれ」と自慢気に繰り返したとか。祖父の米寿の祝いには招待しなかったが、高齢の幕臣で当時著名だった人物として、醇堂は、嘉永六年に九十五歳で留守居を辞職した（理由は老衰）旗本、土屋廉直の名も挙げている。

土屋は、目付《めつけ》・堺奉行・勘定《かんじょう》奉行・大目付などを経て、八十三歳で大奥の取締り等が職掌の留守居に就任した。弘化《こうか》三年（一八四六）三月二十四日には、老齢（八十八歳）に至るまで精勤した功で、禄五百石を加増されている（計千五百石）。

著名でない（というよりほとんど知られていない）長寿者の名も挙げておこう。新井朔三は大番《おおばん》与力の御家人で、百十六歳で大谷木家を訪れ、書の筆を揮《ふる》ったという。北村存候は戸田隼人正《はやとのかみ》（五千石の旗本）の家来だったが、百二、三歳の頃、やはり大谷木家に来て扇に揮《き》毫《ごう》したと醇堂は回顧している。百十六歳とか百二歳とか、直ちに信じがたい年齢だが、ともかく当時の江戸では、長寿の幕臣やその他の武士が、老醜を恥じるでもなく、誇らしげに暮らしていたようなのである。

「税金どろぼう」

老衰御褒美を貰うまで現職で居続け、臨終の日まで有名無実な老衰場のポストを務める。そんな老幕臣たちの生きざまを、まるで役職（と俸給）にしがみつく今日の天下り官僚や企業の役員の〝ご先祖様〟のようで不快に感じる読者も多いに違いない。

このような老人天国の風潮を苦々しく思う人は当時もすくなくなかった。たとえば維新後はジャーナリストとして活躍した旧幕臣の栗本鋤雲《じょうん》（一八二二―九七）は、「急流勇退」と題する文章（『独寐寤言』のうち）の中で、こう記している。

見るも気の毒なりしは、背傴《はい》腰屈《ようくつ》の老官人か両侍に擁持《ようじ》せられ、喉中鋸木声《きょぼく》を為しながら、梅林坂《ばいりんざか》（平川門内に在り、奥向勤仕《おくむききんじ》の者の通行、必由の路なり）を攀《よ》ぢ、登衙《とうが》入直《にゅうちょく》する背も腰も曲がった老人が、二人の家来に左右から身体を支えられながら、江戸城内の梅林坂をゼイゼイ言いながら上がり、出勤する。その有様は見るも哀れだったという。

なぜそうまでして役職にしがみついたのか。栗本の答は「其《その》何の為なるを問へば、千苞《ぴょう》若しくは五百苞の俸米の為め、口腹の欲と妻児の愛に累《わずら》はされて、此無廉恥《むれんち》の醜体を為して」と厳しい。千俵、五百俵の禄米でも頂戴できれば、家計も楽になるし妻子に良い思いもさせられる（その分、家で大切に扱われるに違いない）。そう考えて、老醜をさらすことを恥とも思わず務めていたというのである。

栗本は、このような連中のために「国家の米廩《べいりん》を蠹せしは扨々《さてさて》苦々敷《にがにがしき》事にてありし」と文章を結んでいる。ごく簡潔に意訳すれば、「この税金どろぼう！」となるだろう。胸がすくような批判ではないか。

戦国の猛将のごとく

もっとも、現代日本にはびこる天下り官僚の中にもまれに有益な人物がいるように、老衰場を務めた老旗本の中にも逸材がいた。

小性組、小十人頭、先手《さきて》弓頭《ゆみがしら》を経て、七十四歳で鎗奉行（老衰場）を拝命し、文政《ぶんせい》三年（一八二〇）に八十二歳で没した二千石の旗本天野昌淳《まさきよ》もそのひとりである。

天野の驚くべき逸事《いつじ》は、松平定信の文化十二年（一八一五）十一月十八日の日記（『花月《かげつ》日記』）に記されている。三年前に白河藩主を隠居した定信は、五十八歳。浴恩園《よくおんえん》という庭園で知られる築地の下《しも》屋敷で優雅な日々を過ごしていた。この日、七十七歳の天野が、定信の招きで下屋敷を訪れたのである。

天野の逸事とは、どのようなものだったか。日記の記述を要約してご紹介しよう。

――十三年ほど前のこと。浅草辺で悪党を咎《とが》めた天野は、悪党の仲間に背後から右腕と横腹を斬られた。振り返ると、大男が刀を振りかざして、なおも斬りつけようとしている。天野は咄嗟《とっさ》に十手《じって》で刃を防いだ。三十回も打ち合ったのち、相手の眉《まゆ》のあたりを強打すると、相手はひるんで逃げ去った。

気がつくと、右腕の傷口からまるで桶の水を流すように大量に出血していた（「右のうで、きられしより、血のながるゝハ、桶より水あくるやうにありたり」）。手拭《てぬぐい》で縛ろうとしても、二の腕の肉が下がって傷口に巻けない。天野は右腕をみずから切り落とし、傷口をしっかり手拭で巻いた（「引きりすてゝ、とくと疵口《きずぐち》をまきぬ」）。そして左手で鎗を持って駆けだし、男に追いつくと、鎗で男を突き殺した――。

さながら戦国の猛将のごとき戦いぶりである。驚くのはまだ早い。重傷の天野はわが家に使を遣って、迎えの駕籠《かご》を寄越すよう伝えたが、駕籠を待つ間、心をしずめて歌を詠んだという。それは「いかにせんわがゝの上に秋やきて　千《ち》しほに染し老の衣手《ころもで》」の一首。悠然と駕籠で帰った天野の勇猛さに驚愕《きょうがく》した幕府上層部は、傷が癒えたのち、天野を小十人頭に昇進させた。

天野が小十人頭になったのは享和《きょうわ》三年（一八〇三）の十一月だから、右腕を切り落として奮戦したのは、六十五歳のときである。前述のように七十四歳で鎗奉行となる天野昌淳だが、すくなくとも彼の場合は、鎗奉行の役職は、有名無実の老衰場ではなかったようだ。

なんたって十七歳

深刻な〝十七歳原則〟

百歳を超えて現職の幕臣。六十五歳で腕を切断して勇猛に戦った天野昌淳——。高齢の幕臣たちの信じられないような年齢や活躍を紹介しながら、いまさらこんなことを言うのはためらわれるが、彼らの年齢は、実はもうすこし低かったかもしれない。

年齢のサバ読みといえば、実際より若く偽ること。しかし江戸時代の武士の世界では逆だった。

肥前国《ひぜんのくに》平戸藩の老公松浦《まつら》静山《せいざん》（一七六〇—一八四一）の随筆『甲子夜話《かっしやわ》続篇』に、将軍の若君の遊び相手として江戸城に上がった旗本分部《わけべ》某の息子の話が載っている。ある日、将軍から年齢を問われた息子が、「ほんの年は六つ」と答えたというのだ。

大名や旗本が幕府に届けた年齢は「官年《かんねん》」（公年とも）と呼ばれていた。分部の息子の官年は十一歳だったが、本当は六歳。だから将軍に年齢を聞かれて、つい六歳と答えてしまったのだ。

ドジな息子。それとも相手が将軍だったので、ウソがつけなかったのだろうか。静山は「小児は真率《しんそつ》なるなり。併《しかし》成人しても人臣はかくぞ有たし」と感想を記している。「子どもは正直でいい。成人してもこの気持ちを忘れずに将軍に仕えるべきだ」というのである。

官年、すなわち幕府の公文書に記載された年齢が実際の年齢より高いのはよくあることで、公儀をあざむく悪質な詐称とは見なされていなかった様子が、この話からうかがえる。

それにしても、分部家はどうして息子の年齢を実際より五歳も上積みして幕府に届けたのだろうか。理由は、大名や旗本の当主が十七歳未満で亡くなると、養子が許されず、家は断絶という相続の法があったからである。大名の場合はそれでも救済されるケースもあったが、旗本の場合は〝十七歳原則〟はさらに深刻で、このため息子の年齢をあらかじめ数歳高く届ける詐称が慣例化した（この問題については、大森映子『お家相続』が興味深い事例を幾つも挙げて考察している）。

当主の年齢が十七歳以上であれば、不幸にして若年で没しても、養子を取って家を存続させることができる。一方、当主が十七歳未満で亡くなったら……。家が断絶する危険性を可能なかぎり小さくするためにも、家督を継ぐ息子の年齢は、できるだけ十七歳に近いほうが望ましかったのである。

二歳三歳の水増しは当たり前。数歳どころか、なかには官年が実年齢より十二歳も高い旗本もいた。〝遠山の金さん〟こと遠山景元《かげもと》の父、遠山景晋《かげみち》がその人だ。

遠山景晋は、旗本永井直令《なおよし》の四男として宝暦《ほうれき》二年（一七五二）に誕生。十六歳で遠山家に養子に入り、三十五歳で家督を継ぎ、長崎奉行や勘定奉行などを歴任して、七十八歳で隠居。楽土《らくど》と号して悠々自適の余生を過ごし、天保《てんぽう》八年（一八三七）に八十六歳の高齢で大往生を遂げた。

すくなくとも『寛政重修諸家譜《かんせいちょうしゅうしょかふ》』ほか幕府が編纂した資料では、以上のように記されている。ところが著名人の墓碑銘を採集した五弓雪窓《ごきゅうせっそう》編『事実文編《じじつぶんぺん》』では、景晋は宝暦十四年（一七六四）生まれで、七十四歳で没したと記されている。

一体どちらが本当なのか。二〇〇九年一月のある晴れた日、私はJR巣鴨駅から徒歩十分の本妙寺にある遠山景晋の墓を訪れた。

景晋の墓石はかなり傷んでいたが、墓碑銘には「君生於宝暦十四年正月十四日　歿於天保八年七月二十二日」とたしかに刻まれていた。しかし続いて「享寿八十又六」とも。宝暦十四年生まれなら亡くなった天保八年は七十四歳だったはずなのだが。

だからといって、宝暦十四年が誤記とは思えない。死亡時の年齢を公称（官年）どおりにしたため、実際の死亡年齢より十二歳も高くなってしまったのだろう。『事実文編』では、七十四歳としっかり修正されている。

いいかげんな出生届

いくら年齢の水増しが慣例化していたからといって、出生届が提出されるはずだから、そう簡単に偽装はできないのでは、と疑う方もいるに違いない。なるほど。たしかに幕臣は息子が誕生すると出生届を提出した。しかしこれが実にいい加減なのである。

一例を挙げよう。徳川御三卿のひとつ一橋家の大番組頭《おおばんくみがしら》を務める小野直泰《なおやす》の小石川の屋敷で、長男が誕生した。宝暦七年（一七五七）二月二十二日の早朝のことである。安産で母子ともに達者。長男は甚蔵《じんぞう》と命名された。ところが甚蔵の出生届は、二ヶ月以上も提出されなかった。

なぜか。小野家の記録『官府御沙汰略記』に、その理由が「おれん出産届けの義、縁組願より間無之《これなき》に付、四月末に届け指出《さしだ》す積り」と記されている。おれん（甚蔵の母）を後妻に迎える「縁組願」の提出が遅れ、出産の日と辻褄《つじつま》が合わなかったので、出生届も遅れたということらしい。出生届が提出されたのは四月二十一日。同日の記録に「出生届指出《さしだ》す」と記されている。

甚蔵の出生届が遅れたのは以上のような事情からだったが、そうでなくても出生届は遅れるケースが多かったらしい。たとえば小野家の親類で大坂蔵《くら》奉行などを務めた旗本桑原盛利《もりとし》の長男の出生届も、生後四ヶ月半以上経って提出されている。

提出が遅れるどころか、誕生した子が身体虚弱で育つ見込みがないと判断された場合、そもそも出生が届けられないケースもあった。しかしその後、出生が届けられていない男子が早世をまぬがれると、その段階で「丈夫《じょうぶ》届《とどけ》」が提出された。

幕末の例を挙げれば、文久《ぶんきゅう》三年（一八六三）十二月に、西丸《にしのまる》新番頭の大久保権右衛門は、配下の佐藤誠一郎から「丈夫届」が提出された旨の文書を作成している（「江戸城多聞櫓《たもんやぐら》文《もん》書《じょ》」）。文書のタイトルは「組倅《せがれ》丈夫届申出候御届書」。私の組の者（佐藤誠一郎）から「丈夫届」が提出されたことを報告します、と意訳できる。

文書の中で大久保は、佐藤が「誕生当時は虚弱で（育ちそうになかったので）出生届を出しませんでしたが、丈夫に育ちましたので、ここに総領《そうりょう》（跡継ぎ）として届け出る次第です」と届け出た、と記している。四年前の安政六年（一八五九）に誕生した息子の内蔵吉が順調に育っているので、あらためて総領息子として認めていただきたく、届け出たというのだ。なんか怪しい。この年、佐藤誠一郎は五十歳になっていたが跡継ぎの男子がなかった。このままでは家が断絶してしまう。どうやらそれを避けるために、「丈夫届」という方法で、実は相続する男子がいることにしたようなのである。

まさかどこかから五歳の男児を連れてきて内蔵吉と名付け届け出たとも思えないが、その疑いも完全には拭《ぬぐ》えない。「丈夫届」はまた、息子の年齢を水増しするのにも便利な手段だった。そもそも出生を届け出ていないから、年齢を偽装するのが容易だったからだ。とはいえ偽装を自分だけで企むのは難しかったであろう。それは上司と同僚そして親類一同の暗黙の了解の上に行われたに違いない。

参考として、大名家の例にも触れておこう。

陸奥《むつ》二本松藩主の丹羽《にわ》長貴《ながよし》は、幕府が編纂した『寛政重修諸家譜』では、宝暦元年（一七五一）生まれとなっている。ところが二本松藩が作成した長貴の年譜では、宝暦六年五月十八日生まれと記されている。

藩の年譜によれば、長貴の父の高庸《たかつね》が宝暦十二年十二月十一日に、幕府老中に嫡子（長貴）のことを告げた際に、長貴の年齢を五歳増したので、幕府の記録では宝暦元年生まれになったのだという（原文は「老中マテ嫡子ノ事年令ヲ告ルノ時、五ツ増シ奉告之、因茲《これによって》公辺《こうへん》ハ宝暦元年辛未ノ生レニアタル」）。

当時藩主だった高庸は、宝暦十二年、七歳だった長貴の年齢を幕府に十二歳と申告した。とりもなおさず、長貴が将来藩主になって十七歳未満で死んでも、幕府に届けた官年が十七歳以上になっていれば丹羽家は安泰と考えたからだろう。長貴の年齢を五歳水増しできたのは、出生時に届を出さず、生後何年も経って「丈夫届」を出したからである。

受験者の年齢

実際より数歳（多い場合は十二歳も）高く届け出ていた藩主や幕臣の息子たち。おのずとさまざまな所で、年齢より若い（幼い）武士の息子たちの姿が見かけられた。

『醇堂叢稿』に、幕府の昌平坂《しょうへいざか》学問所で、幕臣の子弟を対象に毎年十月に行われた「素読《そどく》吟味《ぎんみ》」（論語ほか儒教の基本書を音読する試験）の様子が記されている。

——当日湯島にある学問所に出かけると、試験場には立会いの目付のほか、林大学頭《だいがくのかみ》や学問所の博士（教官）たちが列座している。受験者が一人ずつ席に着いて大声で姓名を述べ、試験が始まる。受験者の側《そば》で、試験官を務める「教授方出役《でやく》」（学問所の役職のひとつ）が、まず『大学』の書物を出し、紅紙を貼って示した範囲を音読（素読）するように言う。続いて同様に『中庸』『論語』『孟子』『易経』『詩経』などの音読箇所が指示される。

受験者は、指定された箇所を辺《あた》りに響くような大声で読み上げなくてはならない（あくまで素読の試験なので解釈は述べなくてもよい）。読み方には、尻上がりではっきり聞き取れる呼吸法の口伝がある。読み間違えても、試験官の教授に「いま読んだのは間違いで、正しくはこう読みます」（意訳）と言えば、読み間違えたことにならない。誤読は三字までなら、合格とされる。成績優秀者には、丹後縞《たんごじま》（縞の紬織物の一種）が、甲に三反《たん》、乙に二反それぞれ御褒美として下される——。

醇堂自身も少年時代に受験しただけあって、昌平坂学問所における素読吟味の紹介は、簡潔ながら臨場感があって興味深い。

とはいえここで注目したいのは、素読吟味そのものではなく、受験者の年齢だ。

醇堂は、素読吟味の受験資格について「初場《しょじょう》十七齢をもつてし、落第すれは翌年十八にてふたゝひ試られ、またこれに下第《けだい》すれは、明々年十九歳にて三試をゆるし、三度を限りてその後をゆるされず」と書いている。十七歳から受験資格があり、落第しても翌年と翌々年、三回まで受験が許されていたというのである。

醇堂は続いて、素読吟味は、まだ八、九歳の子どもが十七歳と称して受験する姿が見られ、醇堂自身も、十三歳だった嘉永三年（一八五〇）の十月に、十七歳と偽って初めて受験したと語っている。家の安泰のために男子の年齢を実際より高く届け出た結果、官年は十七歳に達していても実は十歳に満たない者もすくなくなかった。つまり幕臣の子弟たちは、本来なら十七歳で受験すべき素読吟味に、八、九歳や十二、三歳でトライしなければならなかった。

必然的に素読の訓練のため塾通いを始めるのも早かったはず。年齢の偽装は、子弟の学習面にも大きな影響を及ぼしたのである。

年齢詐称も〝合法〟

ところで十三歳で素読吟味を受験したと述べたあとで、醇堂はこうも述べていた。「一体幕府の制規に官年、私齢《しれい》といふありて、嬰児といへども拾七齢といへは跡目《あとめ》相続《そうぞく》、家督を継き、遺□（虫食い）を承るより、この制規を設くるものなり」。

官年（幕府に届けた年齢）が私齢（本当の年齢）より高いのは、年齢の詐称《さしょう》ではなく、幕府の制度（制規）のひとつで、お蔭で、たとえ赤ちゃん（嬰児）であっても、十七歳だと称して家を相続できるようになっていた。家の存続のためには、極端な年齢詐称も半ば〝合法〟と認められていたという。

勝海舟《かつかいしゅう》の父、勝小吉《こきち》の自叙伝『夢酔独言《むすいどくげん》』に、このことを実証する場面がいきいきと描かれている。それは男谷家から勝家に養子に入った七歳の小吉が、十七歳と称して小普請組支配の石川左近将監忠房《ただふさ》（当時勝家は小普請《こぶしん》で、石川の配下だった）に面会したときのことである。

> おれが七つのとき、今の家へ養子にきたが、そのとき十七歳といつて、けしぼうず（芥子坊主＝子どもの髪型）の前髪をおとして、養家の方で小普請支配石川右（ママ）近将監と組頭の小尾《おび》大七郎に、初て判元《はんもと》のときであつたが、そのときは小吉といつたが、頭が、「年は幾つ。名はなんといふ」とき丶おつた故、「小吉。年は当十七歳」といつたら、石川が大きな口をあゐて、「十七にはふけた」とてわらいおつた。

小普請組頭の小尾大七郎に名前と年齢を問われた小吉が十七歳と答えると、小吉の様子を見ていた石川が、「十七歳にしては老けた奴だ」と言って大笑いしたというのである。

まさか七歳の小吉が十七歳以上に大人びていたとは思えない。しかし同じような年齢で十七歳と称する他の多くの子弟の中で、小吉は、態度も面構《つらがま》えも際立ってふてぶてしく見えたのだろう。そんな小吉を石川はユーモアたっぷりに「老けている」と評したのだった。
勝小吉は享和《きょうわ》二年（一八〇二）生まれだから、右は文化五年（一八〇八）のことである。
石川の言葉には、彼自身の経歴も影響していたかもしれない。目付《めつけ》、作事奉行、勘定奉行、西丸留守居などを経て、文化五年十月八日に小普請組支配となった石川だが、家督を相続したのは、明和《めいわ》元年（一七六四）八月四日、十七歳のときだった。

これはあやしい。石川自身も、小吉同様、十歳に達していなかったのに十七歳と称して家督を継いだのではないだろうか。俺と同じだ。それにしては目の前の小吉は当時の自分よりずっと大人に見える。だから思わず笑ってしまったと推理されるのである。

石川忠房は、その後、勘定奉行となり（再任）、留守居在職中の天保七年（一八三六）の一月十八日に没した。享年は八十九歳だが、これも大いにあやしい。

ところで石川は役人として評判が高かったらしく、大谷《おおや》木《ぎ》醇堂《じゅんどう》は、石川を、同じく勘定奉行を務めた中川忠英《ただてる》、遠山景晋らとともに、文政《ぶんせい》年間（一八一八—二九）の「名吏《めいり》」の三傑に数えている。

当然エピソードもすくなくない。脇道にそれるが、『想古《そうこ》録《ろく》』から石川の逸事のひとつを拾っておこう。国定忠治を讃えた『劇盗忠二小伝』の著者としても知られる旗本羽倉簡《はくらかん》堂《どう》（一七九〇—一八六二　通称外記《げき》。簡堂と号した）は、儒者の山田三川《さんせん》に、こんな話をしたという。

――ある年、御用（公務）で上方へ出張するに際して将軍の御前に召された石川は、御前を辞すとき、将軍の顔を熟視して、「たいそう老けられたご様子ですが、くれぐれも健康に気をつけてくだされ」（「めっきり御歳が老《よ》らせられたり、何卒御養生専一に遊ばされ、諸事御注意あらせられたく」）と申し上げた。将軍の顔を熟視するだけでも思いもよらぬことなのに、さらに「老けましたね」と放言するとは、大胆不敵。しかしこれも石川の溢れんばかりの忠誠の情のあらわれにほかならなかった（「忠誠の情胸に溢れて、此の異凡の動作を為したる者ならん」）――。

非凡な人柄と物怖《ものお》じしない率直な物言い。ただ者ではない。

十七歳の理由

そもそも、どうして十七歳なのか。当主が十七歳未満で没した場合、家の相続が認められないという原則は、どんな理屈から生まれたのか。

大森映子氏は、十七歳が武士の男子が「一人前」と認められる年齢であり、「不幸にして一人前と認められる前に死亡した場合には、約束されたはずの奉公が果たされなかったことになる。従って奉公に対する御恩、つまり後継者を指名することもまた、認められなかったのである」(『お家相続』)と解釈している。どうやら将軍に対して一人前の奉公を果たさないまま当主が死んだ家など、存続させる価値がないとする理屈が〝十七歳原則〟の根拠になっていたらしい。

この世は無常。天下泰平の世に戦死の恐れはなくても、いついかなる病魔や事故が十七歳未満の当主の身に降りかからないとも限らない。かくして家の存続のため男子の年齢を偽る風が広がり、やがて「官年」と「私齢」の使い分けが常識化したのである。嘘も方便。

将軍の思いやりと隠蔽体質

秘密会議の方法

「柳営《りゅうえい》の制度、百事迂遠《うえん》に似て児戯に類するか如き事多し」。大谷木醇堂は『醇堂叢稿《そうこう》』の中でこう記している。振り返れば、幕府の諸制度はなんとも遠回りで(非効率で)、幼稚だった(遅れていた)というのだ。

さすがに明治の半ばになって、醇堂は幕府の旧弊《きゅうへい》を実感したに違いない。と思ったら、さにあらず。醇堂は「然《しか》して就《つい》てよくこれを探れは、着意まことに至れり尽せる事少なからず」と続けている。意訳すれば「しかし内実をじっくり吟味すると、幕府の制度も捨てたものではない。それどころか、実によく考えられているものが多い」となるだろう。

非効率で未熟に見えながら、幕府の制度は実は優れもの。一例として醇堂が挙げたのは「御《お》人払《ひとばらい》之御密談」、将軍と幕府首脳の間で行われた重要な密談の方法だった。

密談すなわち秘密会議の方法に特段の違いがあるのだろうか。屛風や衝立《ついたて》で囲まれた閉ざされた空間で、数人がヒソヒソ囁《ささや》き合う。江戸時代の密談といえば、われわれの多くはそんな情景を想像するはずだ。

ところが江戸城内で（たぶん将軍が日常生活を送るとともに政務を執る「中奥《なかおく》」で）行われた密談は、まったく異なるものだった。

御襖《ふすま》御障子をあけはらひ、近傍へ他人の近付候事成らぬゆへに、何等密談ありとは誰も知るを得《う》れども、その事何たるやを知る能《あた》はす。このゆへに漏洩《ろうえい》の事、万に一も無し。

将軍の御密談は、密室でも閉ざされた狭い空間でもなく、部屋の襖と障子をあけはらった、見晴らしの良い空間で行われたという。

開かれた密談空間。とはいえ近辺に人が立ち入るのは禁じられたから、密談が行われていると察知できても、声までは聞き取れず、したがって密談の内容（秘密）が洩《も》れる恐れはなかった。密室で行われる密談よりよほど熟慮されていたということらしい。

なるほど。たしかに開かれた空間で密談すれば、襖や障子越しに盗聴する者はいない。知らないふりをして立ち聞きもできないだろう。もっとも、密談の相手によっては、話が部分的に洩れる場合もあった。

ある日、数間も離れた密談の間から「御前《ごぜん》の思召《おぼしめし》甚相違にて候、左様の儀不罷成《まかりならず》」（御前のお考えは間違っています。そのようなことはなりません）と、御前（将軍）を諫《いさ》める声が聞こえてきたというのだ。声の主は林述斎《じゅっさい》（一七六八―一八四一）、昌平坂学問所の運営や将軍への進講ほか幅広く活躍した幕府の儒者である。さすがに御前の声は聞こえず、密談の詳細までは洩れなかったようだが……。

意外と合理的だが、やっぱりどこか変だ。そう感じるのは私だけではないだろう。われわれの常識からはずれた幕府の慣習や制度は、しかし密談の方法に限らない。

将軍吉宗の温情

家が断絶しないように当主や息子の年齢を偽って届けた官年の慣習については、すでに述べた。それぞれの幕臣の家にとって、官年は虚偽である場合が多く、実際の年齢は数歳から十数歳も低いことは、すくなくとも表立っては秘密とされていた。

ほとんど制度化していた年齢詐称の慣習を、大谷木醇堂は次のように評価している。

この制度、まことに晩暮《ばんぼ》致仕《ちし》なとの便益為すこと最大なり。当歳の小児を拾七齢とするは、いかにも公けに虚偽を飾るに似て不都合千万なれとも、これは郡県制度に無き愛屋烏《あいおくう》に及ふの仁慈《じんじ》にして、歯《よわい》を尊ミ老を養ふの優待厚遇、自然風俗を化して淳厖《じゅんぼう》ならしむるの、またありかたき御趣意なるへし。

意訳すると。――この官年の制度は、晩年になって退職する幕臣たちを大いに益した（官年は実年齢より高いので、本来なら七十歳以上にならないと下されない老衰御褒美《ろうすいごほうび》が、六十代、場合によっては五十代で頂戴できた）。極端に言えば、その年に生まれた子を十七歳と偽って届けることも可能なこの制度は、虚偽の申告を公然と認めるもので、正しいとは言いがたい。しかし幕府（将軍）の意図は、あくまで幕臣の末々にまで恩恵を及ぼそうとする（「愛屋烏に及ふ」）ところにあり、当世（明治時代）では失われた、仁慈（思いやり）の制度にほかならないのである（下略）――。

半ば公認されていた年齢の詐称。それが家の存続を保証したばかりでなく、幕臣の老後の生活まで熟慮したものだったという指摘はとても興味深い。

暗黙に了承されていたどころか、この問題については、将軍みずから隠蔽を促すケースさえあった。

平戸藩の老公、松浦静山の『甲子夜話』に、大和国郡《やまとのくにこおりやま》山藩主本多家の相続をめぐる、八代将軍徳川吉宗の驚くべき話が載っている。

徳廟《とくびょう》（＝吉宗）の御時、本多唐之助疱痘《ほうとう》を患《わずらい》て没したり。時《ときに》年十七以下なれば其跡たゝざる規定ゆへ、病死のことを老職密に御聴に入たるに、上意には、疱瘡《ほうそう》と云《いう》ものは面《めん》体《てい》のかはる者なりと度々仰《おおせ》あり。

郡山藩十二万石の藩主、本多唐之助（名は忠村《ただむら》）が、疱瘡（天然痘）に罹《かか》って死んだ。『寛政重修諸家譜』によれば、唐之助は享保《きょうほう》二年（一七一七）に八歳で家督を継ぎ、五年後の享保七年に十三歳で没している。当主が十七歳未満で没したのだから、相続の規定に従えば、本多家は断絶とならざるをえない。

しかしこれはあくまで原則。大名家の場合は十七歳未満で当主が死んでも直ちにお家断絶とは限らなかった。本多家を規定どおり断絶させるべきか、それとも……。老中たちは、唐之助が十三歳で病死したことを密かに将軍吉宗の耳に入れ、その判断を仰いだ。

すると吉宗は、「疱瘡に罹ると、容貌がずいぶん変わるそうだね」と繰り返し語ったという。吉宗の言葉に秘められた真意は、「疱瘡で容貌が変わっているのだから、遺骸が唐之助のものかどうかさだかでないはずだ。ならば、同年輩の適当な少年を連れて来て唐之助とすり替えてしまえばいい。そうすれば当主の唐之助は〝存命〟なのだから、本多家は安泰だ」と察せられた。

さすがに老中たちは真意を了解し、吉宗の言葉を本多家の家臣に伝えたのだが……。本多家では吉宗の言葉の真意を理解できないまま、唐之助が亡くなった事実を幕府に報告してしまった。

さて、その結果は。即断絶とはならなかったものの、十二万石を六万石に減らされ、唐之助の弟の喜十郎（忠烈《ただつら》）が本多家を継いだ。しかしその喜十郎も、翌享保八年に十四歳で没して、万事休す。本多家はついに断絶となった。

当主の死亡を隠蔽するだけでなく、そのすり替えまで暗に勧めた吉宗の言葉に驚く。と同時に、このような将軍こそが、情と思いやりに満ちた仁慈の名君であるとする思想が幕府の制度や慣習の底流にあったことがうかがえるのである。

法の規定に忠実に従うだけなら仁慈とは言えない（誰にでもできる）。不都合な事実に目をつぶって（隠蔽を許して）でも、大名や幕臣を救済してくれるのが、将軍ひいては幕府の思いやりだとする〝仁慈の思想〟が、幕府の制度や慣習の底に流れていた。

許されない隠蔽行為

家の存続のための年齢詐称や死亡の隠蔽が許された一方で、当然のことながら、許されない隠蔽行為もあった。

役人が不正や不祥事を隠蔽しようとするのは、今に始まったことではない。

常陸国《ひたちのくに》麻生藩一万石の主で幕府の大番頭《おおばんがしら》を務めた新庄越前守直計《えちぜんのかみなおかず》（一七八七―一八四五）は、松浦静山に次のように語った（『甲子夜話続篇』）。ちなみに「大番頭」とは、江戸城二の丸や二条城・大坂城を警衛する大番の頭のこと。大番は十二組あり、各組は、大番頭一人・大番組頭《くみがしら》四人・大番衆五十人から成っていた（大番頭のほかは旗本）。

――二条城や大坂城での勤務を終えて江戸に戻った大番衆は、「組中御改《おあらため》」のため一人ずつ老中の御用部屋（執務室）に呼ばれ、京大坂で在勤中に起きた変事などを報告するのが恒例になっています。一人ずつ呼ばれるのは、大番頭や大番組頭の不正を忌憚《きたん》なく話せるようにという配慮から。ところが近年では、大番衆が老中に申し上げる内容を、あらかじめ組頭がチェックしているそうです。まったく、これでは何のための「御改」かわかりませんね――。

新庄は「昔はこうではなかった」(原文は「世につるゝことか」)と感想を洩らしているが、江戸の後期になると、大番にかぎらず多くの役職で同様の現象が見られたらしい。

たとえば醇堂は、勘定奉行と勘定吟味役《ぎんみやく》の馴れ合いを厳しく指摘している(『醇堂叢稿』)。――勘定吟味役は勘定奉行の非違《ひい》(違法や不正)を監視する職であるのに、昨今では自身の出世を考えて、奉行にへつらうのが当たり前になってしまった。本来なら、これではいけないと恥じるべきなのに、恥じるどころか、「奉行の腰巾着《こしぎんちゃく》」と譏《そし》られて逆に喜ぶような破廉恥な者が、勘定吟味役を務めている――。

役人の意識改革

寛政三年(一七九一)二月、幕府の役人たちに向かって、「君たちは、同僚はもちろん他の部署の役人ともなあなあの関係で、また目立たないのが最善と心得ているようだが」と語りかけたのは、当時、老中として幕政の改革に取り組んでいた三十四歳の松平定信だった（『甲子夜話続篇』）。

定信は、近頃の役人の世界では、「恥ずべき不祥事があっても、これを隠蔽して表沙汰《おもてざた》にしないのが物慣れた態度であると心得」（「たとへ甚だ恥辱にあたり候程之事にても、致了簡《りょうけんいたし》事立ざる様取斗《とりはかり》候を物馴候義と心得」）、立ち居ふるまいや物言いなどうわべのことにばかり神経を使うので、おのずと誠実さを欠く者が目につくようになったと述べている。

業務の手順が不必要に煩雑になったせいで、人員を増やしても、忙しさを増しているようだとも（「諸御役向、次第手数多く、手重《ておも》に相成候。以前より人数増候ても、御用向繁多なるやに候」）。

馴れ合いと隠蔽の体質。そして効率の悪い仕事ぶり。幕府の役人社会が抱えるさまざまな問題点を挙げながら、青年老中は役人たちに意識改革を促したのだった。

もちろん言葉で改革を訴えるだけでは、役人社会の意識が変わるわけがない。ならばどうする。定信が具体的な方策として通達したのが、役所で日々作成される文書（公文書）の管理の強化だった。まずは原文で。

諸役人御役中之諸書物留書《かきものとめがき》等、跡役《あとやく》え相譲候儀、向後《こうご》は何の年以来之留《とめ》、跡役誰え引渡候段、幷《ならびに》書付候て、御目付え申達置《もうしたっしおき》候様可被致《いたされべく》候。

在職中に作成した公文書（「諸書物留書等」）を後任者に引き継ぐ際は、今後は、何年以降の公文書を後任者の誰に引き継いだかを文書にして目付に提出せよ、というのである。

このほか定信は、とりあえず手もとに置く必要のない公文書は、所在不明にならないように、多聞櫓（城の石垣の上に建てられた長屋造りの櫓。戦時には城壁として、平時には倉庫として用いられた）に保存し、必要に応じて出納《すいとう》するように指示している。

公文書の管理保存を徹底することで、役人の間に蔓延する責任回避と隠蔽の体質を改革しようとした松平定信。年度別に整理され保存された公文書を検証すれば、たしかに責任の所在が判明し、不祥事の隠蔽は不可能だろう。

残念なことに、二年後の寛政五年（一七九三）七月に定信は老中を辞職する。役人の意識改革をめざした彼の施策が、その後どれほど効力を発揮したかはさだかでない。

【第三章】

採用・昇進と「対客登城前」

松平定信と了阿

安永《あんえい》元年（一七七二）に浅草黒船町《くろふねちょう》の煙管《きせる》問屋の次男として生まれた了阿《りょうあ》法師（村田了阿）は、幼い頃から学問好き。二十五歳で剃髪《ていはつ》し、趣味の生活に埋没した。

和漢の書物に通じ、和歌と書道にも長けていた了阿を、ぜひお話をうかがいたいと招待する大名もいた。松平定信もそのひとりだった。ところが侍医を通じて打診したところ、了阿は、私のような「下賤」の者が殿様に面会するのは「寿命の毒」です（恐縮して寿命が縮んでしまいます）と断り、のみならず、「三ぜんの飯を二ぜんにくふとても　ごぜん〳〵とへつらふはいや」と詠んで贈ったという（森銑三「了阿法師とその生活」）。

「御膳」に「御前」（定信のこと）を掛けた秀逸な狂歌である。名声を追わず、権力者や貴顕にへつらわず、自由気儘《きまま》に趣味に遊ぼうとした了阿の生き方をかっこいいと感じる人も多いと思う。就活なんてウンザリという学生にとっては、羨望の対象かもしれない。

将軍吉宗の孫で老中首座《しゅざ》も務めた定信が面談を希望したのは、了阿が知識の宝庫で、しかもユーモアの才を兼ね備えた稀有《けう》な人だったからにほかならない。

その驚くべき才能は、悪党あがりで「羅切《らせつ》」（陰茎切除）されていた或る談義僧のもとに、借金の請求書がおびただしく届いたのを見て詠んだこんな狂歌からもうかがえる。「ラセツせし身にはきんこそあるべけれ　かりハさつぱりなさそうなもの」（『閑談数刻』）。

「きん」はお金の「金」に睾丸《きんたま》の「金」を掛け、「かり」は借金の「借り」に亀頭を意味する「かり」を掛けている。下品といえば下品だが、江戸の知識人は、たてまえはともかく、野暮で説教臭い〝品格〟より、知的で洒脱な〝下品〟を尊んだ。

天下の碩学《せきがく》にしてこのやわらかさ。だからこそ了阿は一目も二目も置かれたのだろう。稀有の知識人だからこそ（生活もゆとりがあったに違いない）、松平定信の招待をいとも簡単に断れたのである。

天下の碩学どころか、特段の才能も家柄やコネもない普通の幕臣たちの場合はどうか。天下の旗本御家人と胸を張ったところで、到底了阿のような態度はとれなかっただろう。

彼らのほとんどは、新規採用や昇進あるいは希望するポストへの異動を求めて、定信よりずっと格下の貴顕や上司に、ちぎれるほど尾をふらなければならなかった。

哀れなのは非役

百俵七人泣き暮らし。江戸時代にはこんな諺があった。禄百俵で家族七人では、飢えと寒さをなんとかしのぐだけのギリギリの生活という意味らしい。

大谷木《おおやぎ》醇堂《じゅんどう》はこう記している（『醇堂叢稿《そうこう》』）。

――百俵は、一俵が三斗五升だから、計三十五石となる。この米を売っても金三十両にもならず（もちろん米価の変動で金額は高下するが）、つまりひと月三両未満の家計で、薪《まき》・炭・塩・醤油・衣服・調度を買いととのえ、のみならず吉凶・慶弔《けいちょう》の費用やさまざまな交際費まで支出しなければならない――。

暮らしにゆとりはなく、したがって「泣き暮らし」だというのである。

それでも何らかの役職に就けば、状況は一変する。家禄が役高に不足する場合は、不足分が足高《たしだか》として支給され、あわせて諸種の手当も。それにもまして、役職によっては多額の役得も約束されていた（反面、役職にふさわしい体面を保つために多くの出費を迫られることもあったが）。

加えて、年三回に分けて俸給米（蔵米）が支給される際にも、役職（とりわけ激職）を務める者には上等な米が支給されるが、役職に就いていない幕臣には下等米が回されるのが慣例だった（ちなみに最も良質の米は大奥女中に支給されたという）。

役職にさえありつけば……。たとえ小禄でも家計に余裕ができ、すくなくとも家族が〝泣き暮らし〟をすることはなかった。

哀れなのは「不勤の小普請《こぶしん》」、すなわち非役（役職を務めない）小普請だった。なぜなら、小普請は家禄以外の俸給や手当が得られないばかりか、年一両二分《にぶ》の小普請金を幕府に納めなければならなかったから（小普請金の額は禄高によって異なり、これは禄百俵の場合）。

したがって禄百俵の小普請は、さまざまな内職をして家計を補っていた。内職とは、筆耕《ひっこう》（書物などの書写）、団子や蒲焼の串削り、元結《もとゆい》や小楊枝《こようじ》作り、提灯張り、下駄の鼻緒《はなお》作り、などなど。

そんな悲惨な状況から抜け出るためには、番士（武官）か、その他の役職に採用されるしかない。採用を求めて、彼らは小普請支配（小普請の旗本御家人を支配、監督する役職）のもとへ請願に出かけた。その様子を醇堂は次のように記している（括弧内および「　」は氏家が補った）。

支配（＝小普請支配）ノ玄関へ伺候シ、取次ニ世辞ヲ言ヒ、用人ニ取入リ、支配ニ面謁《めんえつ》シテ「マス〳〵御勇健」ト言ヘハ、彼レ「御サヽハリモナク」ト答ヘテ其ノ乞フ所ヲ聞テ、「周旋尽力スヘシ」ナド席上ノ好詞ヲ以テ慰喩《いゆ》シ、退去セシム。

——小普請支配の屋敷に参上して、取次の者や用人におべっかを使い、さて小普請支配と面会すると、揉《も》み手をせんばかりに御機嫌伺いの言葉を述べる。一方、小普請支配は、これまた「お変わりなく」とありきたりの挨拶を述べ、願いを聞いたのち、「希望が叶《かな》うよう尽力する」と、その場かぎりの口約束をして帰す——。参上するほうもさほど期待はできないと承知の上で、それでも家でじっとしているよりはましと、請願を繰り返したのである。

有力者の屋敷に参上

目付や先手《さきて》鉄炮頭《てっぽうがしら》などを務めた旗本、森山孝盛《たかもり》(一七三八—一八一五)は、田沼意次《たぬまおきつぐ》が権勢を振るっていた頃は、田沼以下幕府の有力者への賄賂は当たり前、加えて多くの幕臣が「権家《けんか》」(有力者)の屋敷に参上して追従に余念がなかったと回顧している(『蜑《あま》の焼藻《たくも》の記』)。

このうち、早朝、老中や若年寄ほか幕府上層部が江戸城に出勤する前に屋敷に参上するのを特に「対客《たいきゃく》 登城《とじょう》 前《まえ》」と称し、多くの者が毎朝のように押しかけ、なかには朝だけでなく、日に二度三度と参上する者もあった。のちに松平定信に見出されて出世した森山だが、田沼時代には同様の追従を繰り返し、五十三歳でようやく小普請組頭になれたという。

ところで森山は、有力者の屋敷に頻繁に参上しても、〝就活〟が成功する確率はきわめて低かったと述べている。それは「灯心もて竹の根を掘ことくにて」、つまり灯心（灯油にひたして火をともす紐状のもの）で竹の根を掘るような（容易に結果の出ない）行為だというのである。

「対客登城前」あるいは「対客」と呼ばれる慣習は、しかし賄賂が横行したとされる田沼時代に始まったものではない。すでに四代将軍家綱《いえつな》（在職一六五一―八〇）の時代にも、大老酒井忠清《ただきよ》の屋敷には、夜が明けぬうちから来訪の衆が詰めかけていた。

迎える忠清は、「いまたくらきに門をひらきて、蠟燭《ろうそく》にて対面あり」（『雨夜のすさみ草』）と伝えられている。ここでも、「どうぞ私をお見知りおきください！」と懇願する人々の姿は、蠟燭の光にかすかに照らし出されただけ。大老の酒井が彼らの顔を記憶にとどめたとは思えない。

田沼時代が終わり、松平定信がさまざまな改革を行うようになってからも、それは続いた。定信の側近水野為長が、主人のために収集した多彩な風聞や巷説を記録した『よしの冊子《そうし》』にも、こんな話が載っている。

――寛政《かんせい》元年（一七八九）十月二十五日の朝七ツ時（午前四時頃）、松浦市左衛門（名は信安《のぶやす》。当時は寄合で非役）が、西下（松平定信を指す）の屋敷の表門前で、「対客登城前」に参上する者たちを「見物」していた。一番早く訪れたのは柴田三右衛門（名は勝彭《かつよし》。先手鉄炮頭）。やがて門前は立錐《りっすい》の余地もないほどの人数が詰めかけたが、門が開いたのは六ッ（午前六時頃）で、六ッの鐘とともに詰めかけた人々が一斉に門内に入っていった。

なんのことはない。人より早く参上しても、門内に入るのは後から来た連中と変わらない。その様を見た松浦は、「立身をあせっても、その時が来ないうちは実現しない。時が来るのを待つしかない」（意訳）と悟ったとか――。

傍観者の松浦市左衛門は大身《たいしん》の旗本だから、悟るだけでも意義があったかもしれないが、「御徒《おかち》の何の周平」の場合は、日々必死で松平定信の屋敷に参上した。目的は、徒目付《かちめつけ》に採用されること。幸い徒目付のポストに空きが生じ、希望が叶うと大いに期待していたのだが、結果は他の者が徒目付に。大いに落胆したうえ流行の風邪に罹《かか》った某は、重体で床に就いてしまった。

水野為長は、幕臣たちの間で「畢竟《ひっきょう》毎朝下谷《したや》から西下へ、寒風をおかし勤《つとめ》に出たのが、今打て出たのだろふ」と噂していると定信に報告している。「住まいがある下谷から、寒風吹きすさぶなか、毎朝老中の屋敷に参上した無理が今になって身体に出たのだろう」というのである。

夢のまた夢

ところで『よしの冊子』の引用にもあるように、「逢対《あいたい》」や「対客登城前」など、支配（上司）や幕府上層部の屋敷に出向いて就職や昇進の活動を行うことを、幕臣の間では、「稼ぐ」「勤に出る」あるいは「出勤」と称していた。

これは幕末になっても変わらない。勝海舟の父、勝小《かつこ》吉《きち》の自叙伝『夢酔独言』を見てみよう。

小吉は、旗本男谷平蔵《おだにへいぞう》の子として生まれ、七歳で幕臣の勝家に養子入りした。勝家は禄高四十一石余のごく小禄の旗本だった。「出勤」という言葉に出合うのは、文化十四年（一八一七）、小吉が十六歳のときの記事である。小吉は「出勤するがいゝ」と勧められて小普請支配の石川忠房の宅に「逢対」に訪れ、石川から「今に御《ご》番入《ばんいり》をさせてやるから心ぼう（＝辛抱）をしろ」と励まされている。

「逢対」の際は、訪問先が用意した帳面に署名する例になっていたが、十四歳で無断で江戸を飛び出すなどやりたい放題だった小吉は、自分の姓名すら書けなかった。将軍の親衛隊に採用される「番入」など、夢のまた夢だった。

小吉はその後、二十一歳で再び江戸を出奔《しゅっぽん》。帰宅後、父親に「檻《おり》」（座敷牢）に入れられた。二十四歳まで三年間を「檻」の中で過ごしたが、その間に手習いを始め、読書もしたというから、無為の日々だったとは言えない。二十二歳の文政《ぶんせい》六年（一八二三）には、勝家の家付娘との間に長男麟太郎《りんたろう》（のちの海舟《かいしゅう》）も誕生した。

文政八年に二十四歳で「檻」から解放された小吉は、二十両ほど借金して衣服と「勤道《つとめ》具」（今風に言えば就活スーツとバッグほか）を整えて、再度「出勤」を試みた。毎日裃《かみしも》を着て幕府の有力者を訪ね歩き、なかでも頭の大久保上野介《こうずけのすけ》（小性組番頭・大久保忠誨か）の宅には日々押しかけて「御番入をせめた」。なんとか番入させてほしいと迫ったのである。

道具類の売買を内職にして金を稼ぎながら「出勤」（就活）を続けた勝小吉。しかし終《つい》に番入が実現しないまま、三十七歳で家督を麟太郎に譲って隠居している。

それにしても就職活動を「勤」と言い「出勤」と称していたとは……。毎日早朝から正装して出かけ、頭を下げるのは、たしかに通常のお勤め以上にしんどく、神経をすりへらすものだったに違いない。

就活の成功例・失敗例

ひどい話

『醇堂叢稿』には、「対客登城前」の成功例と失敗例が載っている。

成功例といっても、それは費やした年月に較べればごくささやかな成功に過ぎなかった。

「出身を熱中するに対客登城前といふ事ありて、十年の久しき廿年の長日月これを勉《つと》むるものあれども、遂げ達する事またまれ也」（出世を熱望して十年も二十年も対客登城前を続ける者がいるが、成功するのはごくまれだ）と、「対客登城前」が骨折り損に終わるケースがほとんどだったと述べたうえで、醇堂は、なんとか結果を出した例として、金井伊大夫と余語《よご》金八郎の名を挙げている。

曰《いわ》く。「金井伊大夫この対客を廿年余怠らすして西丸御《にしのまるお》納戸《なんど》頭《がしら》にのぼり、余語金八郎も廿年をつとめて漸《ようや》く小《こ》十人頭《じゅうにんがしら》にすゝめり」。金井も余語も二十年も「対客登城前」を続けた結果、それぞれ西丸納戸頭と小十人頭に昇進したというのである。

金井伊大夫は、書物奉行・西丸切手番之頭を経て、嘉永《かえい》五年（一八五二）二月八日に西丸納戸頭になり、余語金八郎は、本丸広敷番之頭《ひろしきばん》・裏門切手番之頭を経て、元治《げんじ》元年（一八六四）八月九日に小十人頭を拝命している。金井は禄百俵で、余語は三百俵。醇堂が「漸く」（やっと）と述べているように、二十年も「対客登城前」を続けたわりには、さほど立身を遂げたわけではない。

それでも二人は結果を出した成功者だった。では失敗者とは。ほとんどの幕臣が結果を得られない中でも、醇堂が特筆すべき失敗者の例として挙げたのは、旗本牧野主計《かずえ》（千五百石）と懇意の何某だった。醇堂が「主計と懇《ねんごろ》なるもの」とだけ記して名をあかさなかったのは、不名誉な事実に違いなかったからであろう。さて、その詳細は。

――何某は、もう何年も長岡侯（越後国《えちごのくに》長岡藩主で老中の職にあった牧野忠雅《ただまさ》か）の官邸（屋敷）に「対客登城前」を続けていた。ある日、牧野主計の屋敷で牧野家の祖先の遠忌《おんき》が行われ、長岡侯も参席することになった。何某が久しく長岡侯に参上している（しかるに願いが叶わない）と聞いていた主計は、ぜひ自分が取り持ってやろうと、何某にその旨を伝えた――。

醇堂は何某を「対客《たいきゃく》熱中人」（就活熱中人）と形容し、何某に主計が「これ天与の好機会也、宴席にて長岡侯に謁せは、予もよくこれを幇間《ほうかん》し得む」と語ったと記している。「幇間」はここでは両者の間を取り持つという意味。「対客熱中人」とあわせて、醇堂の表現は面白い。

それはともかく、主計が本所相生町《あいおいちょう》の屋敷で何某とともに待っていると、長岡侯が来訪した。何某は主計に従って玄関の式台まで出迎え、長岡侯を座敷に案内したという。その後どのようなことになったか、醇堂の原文を引用してみよう（括弧内および「」は氏家が補った）。

扨《さて》一座の寒暖会釈《かんだんえしゃく》（時候の挨拶）もすミて、かの人（何某）長岡侯に謁し、主人（屋敷の主人すなわち主計）また傍《かたわら》より名を唱へて引合せけるに、長岡侯「初めて貴面を得候」との詞なりしをもて、主人とともに驚嘆し、明日よりこれ（対客登城前）を止めたりと。

まったくひどい話だ。主計が何某の名を述べて長岡侯に引き合わせたところ、「ああ、毎朝のようにいらっしゃる貴方ね」と言うかと思ったら、「初めてお目にかかります」と言ったというのだから。主計は唖然《あぜん》。何某はバカバカしくなって翌日から「対客登城前」をやめてしまったとか。

話には続きがある。主計からこの話を聞いた醇堂が、主計に「これ或は臆測を濫《みだ》りにすべからず、侯の心中に慮《おもんぱか》る所あつて然歟《しかるか》、また知るべからず」と感想をもらしたというのだ。醇堂の言葉は「長岡侯は実は何某のことを知っていたが、深く考えるところがあって知らないふりをしたのではないか」と意訳できるだろう。

老中を務める長岡侯のような立場の人は、たとえ一族の者が取り持っても、そう簡単に昇進の口約束などはしないものだ。醇堂は長岡侯があえて知らないふりをしたと忖度《そんたく》したのである。

知らないふりをしたのか、それとも本当に知らなかったのか。いずれにしろ期待で胸ふくらませていた何某が癒しがたい落胆を味わったのはまぎれもない事実だった。

若き幕臣たちのお手本

幕末の対露交渉などで活躍した旗本川路《かわじ》聖謨《としあきら》（一八〇一―六八）も、孫の太郎らに与えた「遺書」の中で、「対客登城前」の過酷な現実についてふれている（『川路聖謨遺書』）。川路は十七歳のとき、支配勘定出役（御目見《おめみえ》以下）への採用を願って、勘定奉行や勘定吟味役《ぎんみやく》の屋敷に日々「登城前」に出かけ、翌年同役に採用された。

ところが運が悪くて、同じ支配勘定出役でも願いが叶うまでに何年もかかった者もいるとして、川路が挙げたのは、丸橋長次郎という御徒《おかち》の御家人である。一体どのように運が悪かったのだろう。川路によれば、丸橋は勘定奉行の柳生主膳正《しゅぜんのかみ》（久通《ひさみち》）に四年間「日勤」（対客登城前を毎日行うこと）したが、柳生が留守居に異動した（一八一七年）ので無駄になり、次いで同じく勘定奉行の古川山城守《やましろのかみ》（氏清《うじきよ》）に三年「日勤」したものの、古川の病死（一八二〇年）でこれまた骨折り損に。

丸橋がようやく支配勘定出役というささやかなポストに任ぜられたのは、文政二年（一八一九）に小普請組支配から勘定奉行に転じてきた石川左近将監に三年「日勤《にっきん》」したのちだった。石川の名は忠房。そう、十七歳と偽って訪れた七歳の勝小吉を見て笑いながら「十七にはふけた」と言ったあの洒脱な小普請組支配の石川忠房にほかならない。

丸橋長次郎は計十年も勘定奉行に「日勤」した末に、勘定所の下吏《かり》の座を得たのだった。前述の金井伊大夫、余語金八郎そして徒労に終わった何某の例と合わせ、あらためてこの慣習のむなしさを感じさせられるではないか。

ところが川路の見方は違っていた。すくなくとも彼は丸橋長次郎の不運をネガティブに評していないし、「対客登城前」をむなしい慣習とも見ていなかった。

それどころか、川路は、丸橋長次郎の話を「人は一心にて、おもひもとゝくものにて、若きものゝ胆《きも》を練《ねる》一端なれは」、特に「遺書」で紹介したと述べている。一心に思い詰めれば、願いはいつか叶う。その実例である丸橋の話は、若者の心を鍛錬する一助となるに違いないというのだ。川路にとって、丸橋長次郎は若き幕臣たちのお手本でこそあれ、幕臣残酷物語の哀れな主人公ではなかったのである。

就活者たちの評判

幕臣残酷物語という表現をしたが、考えてみると、「対客登城前」は、朝早くから多くの旗本御家人に押しかけられる老中ほか幕府の有力者側にも、かならずしも嬉しいものではなかったかもしれない。

たとえ押しかける人数の多さが屋敷の主人の権勢の指標であり、「権家」の避けられない宿命だったとしても、期待を抱いて訪れる幕臣たちの扱いを間違えると、評判がたちまち下がり、最悪の場合、怨嗟《えんさ》の的になる恐れも想定されるからだ。幕府の有力者たちはどのように「客」に対したか。わずかだが『よしの冊子』に興味深い事例が記録されている。

まず「井伊侯」、近江国《おうみのくに》彦根藩主井伊家の場合から。寛政二年（一七九〇）、水野為長は、主人の松平定信に次のような話を伝えている。

――井伊家の屋敷には、「以下」（御目見以下の意味であろう）が七、八人訪れます。彼らは六畳敷の間に着座して井伊侯を待ちますが、井伊侯は、事前の案内もなく突然障子をあけて姿を現すそうです（「御逢御座候時、いつも御案内も無之《これなく》、障子をさつと御明ヶ候て、御出御座候由」)。ある日、茶屋《ちゃや》四郎次郎（公儀呉服師を代々務める商人。幕府の御用商人も対客登城前に訪れたのである）が喫煙中に、井伊侯が登場。茶屋はあわてて煙管を袴の下に隠し平伏しましたが、井伊侯は煙にむせて「ゴホン〳〵と咳をせき」しばらくは席に着けなかったとか——。

丹後国峰山《たんごのくにみねやま》藩主で若年寄の「京極侯」（京極高久《たかひさ》）の屋敷ではこんな混乱も。

——京極侯の屋敷には御目見以下の幕臣が六、七十人も「対客登城前」に訪れます。屋敷に到着すると「着至（到）帳面」に記名し、早く着いた順に京極侯に面会していました。ところが大変混み合うので、取次の者は大迷惑。近年になって、「口元《くちもと》」（列の後尾か）の方から面会するよう改めました。しかしそれでは早く来て奥の方で待つ者の面会が、遅く来た者の後になってしまい、「大もめ」となり、結局、元通り到着順に面会することになったそうです——。

屋敷の取次の者の手間を軽減しようと、到着順に記帳するのをやめたところ、不公平が生じて大混乱となり、事態を憂慮した京極の屋敷では、面会方法を元に戻したというのだ。

面会を求めて来訪する「客」の不満に柔軟に対応した京極侯。水野は、若年寄の中で京極高久の評判が一番良いそうです（「御若年寄ハ京極第一番のよし」）と定信に報告している。

そう、幕臣たちの間では、「対客登城前」の際の訪問先の応対も評判になった。幕府の上層部や有力者は、その応対ぶりをチェックされ、評価を下された。評価は風聞《ふうぶん》という非公式なかたちで流布したのである。『よしの冊子』には、寛政四年（一七九二）一月に報告された次のような風聞が。

――「対客登城前」に訪れる幕臣たちに「越中様」（老中・松平定信）は「寒冷」（寒いね）とだけ言葉をかけるが、「京極」（若年寄・京極高久）の場合は「寒冷でござるが、何《いず》レも御《お》障《さわり》なきか」（寒いけれど、みなさん元気？）と親しみ深い。「堀摂侯」（若年寄・堀田正敦《まさあつ》）に至っては、さらに懇《ねんご》ろで、相手が御目見以下の御家人でも、じっくり座に着いて小声でしばらくの間、挨拶を述べる（「其席へ碇《しか》とすハり、何か小声ニて暫《しばら》く長口上《ながこうじょう》被申《もうされ》候由」）――。

主君定信の言葉がそっけないと評判であることまで、水野は隠さず定信に報告したのである。それに較べて堀田摂津守《せっつのかみ》（正敦）の心配りは行き届いている。小さな声でも聞き取れるほど傍《かたわら》に座し、時間を惜しまず話をしたというのだから。

それだけではない。堀田は訪れた御家人たちのために、大きな薬罐《やかん》に熱い茶をいっぱい入れ、火鉢で部屋を暖めていた。それが評判になり、御家人たちは、「是《これ》から堀田へ行て暖まろふ。茶を呑ふ」と堀田の屋敷に急いだとか。さらに茶や火鉢の火を折々取り替えるなど、堀田が「対客登城前」に訪れる幕臣たちを温かく迎えた様子が報告されている。

堀田と対照的なのが「安藤」（若年寄・安藤信成《のぶなり》）だった。安藤の屋敷では、これから面会という段になってようやく火鉢が出され、主人の面会が終わると、そそくさと火鉢を下げた。当然幕臣たちには不満で、「倹約して面会のときだけ火鉢を出すようだ」（「倹約で逢れる時ニに計《ばかり》火を出スト見えた」）という悪しき評判がささやかれていたという。

就職難の背景

幕臣の就職活動のひとつである「対客登城前」について、くどくど紹介してきたが、背景に幕臣の就職難があったことは言うまでもない。では就職難の背景は？

小川恭一著『徳川幕府の昇進制度』によれば、六代将軍家宣《いえのぶ》の頃までは幕臣の絶対数が不足していて、惣領だけでなく二男三男まで召し出され、就職難は存在しなかった。氏はこの頃までを「幕臣にとっては最良の時代であった」と述べている。

ところが徳川綱吉《つなよし》（四代家綱の弟で上野国《こうずけのくに》館林藩主。後に五代将軍）が家綱を嗣《つ》ぎ、次いで甲斐国《かいのくに》甲府藩主の徳川綱豊《つなとよ》が綱吉の養嗣子となり家宣と改めたことから、就職事情は暗転する。館林藩と甲府藩の多くの藩士が新たに幕臣となり、その結果、幕臣に人員の過剰が生じたからだ。

醇堂もまた、幕臣の数が増えた最大の理由は、綱吉と家宣が将軍家を相続した際に、夥《おびただ》しい人数が幕臣に加わったためであると記している。役職数が幕臣の数より多かった（求人倍数が高かった）幸せな時代は、かくして過ぎ去ったのである。

立身出世に理由あり

サプライズ人事

いつの時代にも遅咲きの人がいる。江戸末期の旗本、岡本花亭《かてい》もそのひとりだ。

岡本花亭、名は成、通称は忠次郎。花亭のほか豊洲・醒翁・詩痴などと号した。文政元年（一八一八）、幕政について建議したのが禍《わざわい》して官を辞したが、天保《てんぽう》八年（一八三七）に老中水野忠邦に抜擢され、七十一歳で代官に。その後、勘定吟味役を経て、天保十三年に七十六歳の高齢で勘定奉行に昇進したのである。サプライズ人事だった。

夢のような立身栄達。その背景に、川路聖謨ら実力派官僚との親交や岡本自身の豊かな学識と詩才があったことは疑えない。しかしそれ以上に大きな理由は、清廉潔白《せいれんけっぱく》な人物であるという岡本の評判だったと思われる。重大な改革を断行しようとする水野にとって、反対勢力の糾弾や反発を抑えるためにも、岡本のような人物を抜擢したという事実そのものが必要だったのだろう。

ならば岡本の能力や清廉さは眉唾《まゆつば》ものなのだろうか。そんなことはない。幕末に外国奉行を務め、維新後は新聞人として健筆を揮《ふる》った栗本鋤雲《じょうん》は、明治になって往時を振り返った『独寐寤言』の中で、岡本が五十余歳で退官したとき、娘を嫁がせる経済的余裕が無かったことや、その漢詩が朝鮮の知識人から絶賛された事実を紹介している。ほかに、六十一歳で歯がすべて抜け落ちたにもかかわらず、七十歳を過ぎて再び三、四本の歯が生えてきたという岡本の驚異的な身体についても。

清貧で老健なだけではない。勘定奉行時代の逸事は、岡本の誠実さをあますところなく物語っている。

銀座の下役人が、少量の銀を袴に隠して持ち帰ろうとした罪で、獄に入れられた。普段は真面目で穏やかな者だったが、老母を養う金に困り、検査のために置かれていた銀を思わずくすねてしまったのだ。

息子が入獄したと知った老母は、岡本の役所に駆け込み、きっとなにかの間違いです、と訴えて泣き崩れた。なんとか男の罪を軽くしてやりたい（命を救いたい）。岡本は終夜熟考して建白書《けんぱくしょ》を作成し、翌朝、老中の水野忠邦に呈《てい》した。

建白書の中で、岡本は、今回の罪は家に押し入って金品を奪い取った「盗《とう》」ではなく、家に紛れ込んだ他人の家畜を隠して我が物にした「攘《じょう》」の罪に相当しますと、『孟子』を引用して水野に訴えた。

水野は岡本が論じる〝盗攘の別〟に理解を示し、評定所に検討を指示したのだが……。評定所の審議が長引くうちに、男は悔恨のあまり気鬱《きうつ》となり、哀れ獄中で果てたという。

結果はともかく、勘定奉行の要職にありながら、ひとりの罪人のために不眠で建白書を作成した岡本の誠実さ、情の深さに心を打たれる人はすくなくないはずだ。同時にその熱い行動力にも。

「熱い」と言えば、天保十二年（一八四一）四月二十二日、佐渡奉行だった川路聖謨に宛てた岡本の手紙は、「一時候ニ起居もさし置、天下之事先《まず》申上候」（『川路家蔵書翰集』）という文章で始まっている。「時候の挨拶や御機嫌伺いなんて端折《はしょ》り、直ちに天下の重大事について申し上げます」と意訳できるだろう。

ただの清廉潔白な老人の言とはとても思えない。豊かな学識と職務遂行の意欲。水野が岡本を登用したのには、十分な理由があったのである。

まず門番と顔見知りに

齢《よわい》を重ねても、幕臣として役人として情熱が枯れることがなかった岡本花亭。とはいえ、

「世の中に時めく花はうらやまで　なりゆくまゝに身をまかせばや」（『一話《いちわ》一言《いちげん》』所収）という彼の歌からうかがえるように、さほど出世願望の強い人だったとは思えない。

小身の旗本の身で、勘定奉行・町奉行など幕府の要職にまで昇進した根岸鎮衛《やすもり》（一七三七―一八一五）も、岡本以上の能吏《のうり》で、異例の出世を遂げた人物として知られている。根岸の著『耳嚢《みみぶくろ》』は今日なお読み継がれ、旗本文化人としての著名度は、岡本以上だ。

しかし根岸は岡本とはあきらかにタイプが違うようだ。どう違うのか。それは『醇堂叢稿』に記された以下の逸事からも察せられる。

――根岸肥前守《ひぜんのかみ》鎮衛を抜擢して出世させたのは、「白川侯」（陸奥国《むつのくに》白河藩主で老中の松平定信）と言われているが、実は「田沼」（田沼意次）である。根岸は「青雲を熱中」する人（立身出世願望の強い人）で、ある日、田沼に取り入ろうと、酒が飲めない体質にもかかわらず、酒をしたたか食らって田沼の屋敷へ向かった。すっかり酔っぱらった根岸は、足をすべらせ、屋敷の「溷水《こんすい》」（屋敷の外の溝か）に落ちてしまった。屋敷の門番がこれを発見。根岸が「官服」（役所の出勤服）を着ていたこともあり、駆けつけて引き上げ、介抱して家に帰してくれた――。

おわかりだろう。根岸はわざと酔って溝にはまって田沼邸の門番と顔見知りになり、田沼に近づくきっかけをつかんだのである。

——翌日から、根岸は雨の日も雪の日も御礼と称して田沼の門番所を訪れた。なんと一日も欠かさず三年間も。奇特な人もあるものだと門番が公用人（留守居役）に根岸のことを話したと聞くと、今度は連日公用人の宅に顔を出すようになった。

やがて家老を通じて根岸のことが田沼の耳に入り、ついに親しく面会する段となった。こうして根岸は「宿志《しゅくし》」（田沼意次と親しくなるという年来の夢。もちろんその結果としての昇進も）を叶えたという——。

右はあくまで逸事であって、話がどれほど正確なのか判断のしようもない。根岸が異例の出世を遂げた理由として、幕臣の間でささやかれ、のちに醇堂の耳にも入ったものであろう。事実と疑わなければ、根岸が勘定組頭になった明和《めいわ》五年（一七六八）か、勘定吟味役に進んだ安永《あんえい》五年（一七七六）前後のことと思われる。

田沼意次は、明和四年七月に十代将軍家治《いえはる》の側用人《そばようにん》となり、安永元年一月に老中に昇進。天明《てんめい》四年（一七八四）三月、長男で若年寄の意知《おきとも》が殿中で佐野政言《まさこと》に斬りつけられた事件（意知はまもなく死亡）を機に権勢が衰え、同六年八月に同職を辞任した。

話の真偽にかかわらず興味深いのは、根岸が「対客登城前」のように幕府の有力者に直接面会して番入や昇進を実現しようとするのではなく、門番→公用人→家老→当主（田沼）と、いわば下から関係を積み重ねていくことで、田沼の信頼と親交を獲得した点だ。

「対客登城前」が形式的で空しいものだったのはすでに述べたとおり。のちに「近時の名吏」(近来まれな能吏)と讃えられた人だけあって、時の権力者に接近する方法も、凡庸《ぼんよう》な幕臣たちのそれとは、ひと味もふた味も違っていたということだろう。

それにしても面白い話ではないか。ついでに田沼家の門番と根岸が狂歌を応酬した話もご紹介しよう。ある日、門番が「いつ見てもおなし色なるその羽おり」と詠んで、根岸の羽織がいつも同じなのをからかった。すると根岸が即座に「そなたのはかまいく代《よ》へぬらん」と詠んで続けたとか。「門番さん、あなたの袴なんか、私の羽織よりはるかに古そうですよ(一体いつの時代の袴なのですか)」というわけ。羽織の仇《あだ》を袴で討った根岸のユーモアの才に田沼家の人々は大喜び。これは面白い男だと、やがて屋敷の奥向《おくむき》への立ち入りが許されたというのである。

根岸は狂歌をよく詠んだから、これも作り話とは断言できない。すくなくとも私は本当の話だと思う(難を言えば面白すぎる)。

奥方の膝枕

面白すぎるという意味では、醇堂が根岸の話を補うように紹介した佐々木信濃守《しなののかみ》(名は顕発)の立身出世秘話も、破格に面白い。佐々木が採った方法とは……。『醇堂叢稿』にはこう記されている。

佐々木信濃守は、福山侯へ取入り、侍従《じじゅう》内室《ないしつ》の酌にて酔倒せし真似《まね》して、内室の膝を枕として臥したり。これ循輔（脩輔か。佐々木の通称）か立身の階梯《かいてい》なり。

佐々木は、文政九年（一八二六）に御徒になったのち、支配勘定出役、寺社奉行吟味物調役を経て、天保十三年（一八四二）に評定所留役勘定組頭に昇進し、「永々御目見以上」となった（御家人から旗本に昇格したのである）。

翌年、さらに勘定吟味役に進み、布衣《ほい》の着用を許され、役職ばかりでなく旗本としての格も上がった。その後は、奈良奉行・大坂町奉行・勘定奉行・外国奉行などを歴任して、元治元年（一八六四）に御役御免となっている。絵に描いたような立身出世を実現したと言っていいだろう。

佐々木が出世の糸口をつかんだのは、「福山侯」すなわち備後国《びんごのくに》福山藩主の阿部正弘《まさひろ》（一八一九—五七）に取り入り、そのお気に入りになってからだと、醇堂は言う。しかも佐々木が取った方法は尋常ではない。なにしろ酔ったふりをして阿部正弘の奥方（「侍従内室」）の膝を枕にして眠ったというのだから。わざと酔って田沼邸のドブに落ちた根岸どころではない。下手をすれば阿部邸への出入り差し止め、場合によっては「無礼者！」と叫ばれ、命も失いかねない決死の敢行だった。

さすがに特別な関係になったとは思えないが、奥方はこれを機に佐々木に人並み以上の親しみを感じるようになったらしい。それが夫の阿部正弘にも影響して、佐々木の好感度が増し、「立身の階梯」（出世の手引き）を得たというのである。

阿部は、天保十一年（一八四〇）に寺社奉行になったのち、同十四年に二十五歳の若さで老中に就任し、弘化《こうか》二年（一八四五）には老中首座に。阿部が幕府内で力を振るった時期は、たしかに佐々木の昇進昇格と重なる。

出世の秘密

小身の旗本や御家人の身で、破格の出世を遂げた根岸鎮衛や佐々木顕発。では、彼らの役人としての仕事ぶりはどうだったのだろうか。幸い根岸については、『よしの冊子』にその仕事ぶりが記されている。

前に述べたように、『よしの冊子』は、水野為長が松平定信に報告した各種の情報を書きとめたもので、幕臣の間の風聞が主とはいえ信憑性《しんぴょうせい》が高い。ちなみに根岸は当時、勘定奉行だった。

根岸について水野が報告した最初の内容は、「根岸世上の評判ハとかく不宜《よろしからず》」（天明七年）、世上（幕臣たちの間）では、根岸の評判はかんばしくないというものだった。

めざましい出世を遂げた根岸のどこが不評なのか？　翌天明八年の記事に「根岸ハ才もアリ、一躰も堅けれ共、ハムキハスキノ由」とある。才があり身持ちもいいが、「ハムキ」（おべっか）好きなところが鼻につくというのである。

ともあれ有能な公事方《くじかた》（裁判担当）の勘定奉行だった根岸は、おのずと仕事量も多く、大晦日の暮れ時まで仕事に没頭していたらしい（「大晦日暮時迄《まで》、公事捌《さばき》御ざ候よし」）。度量の広さ、頭の柔らかさにおいても、根岸は評判の奉行だった。

寛政元年（一七八九）に水野が得た情報によれば、博打がらみの些細なもめごとが持ち込まれたとき、根岸は、博打はたしかに違法だが、「金廻《かねまわ》りの為にハちつとハよい」（なにはともあれ金銭の流通を促すので景気には悪くないさ）とうそぶいて、見て見ぬふりをしたという。

勘定奉行になる前に佐渡奉行だった根岸は、佐渡に送られ金山で働かされる無宿たちの処遇についても、〝過激な〟発言をしていた。過酷な労働によって彼らの多くは数年で死んでしまうが、なかには模範的な態度が認められて江戸に戻る者もいる。しかしたとえ心から改心しても堅気《かたぎ》の社会に受け入れられないまま、再び悪事を犯してしまうケースがすくなくない。

なぜか。根岸はこの点を問題にし、「入れ墨があるから堅気の連中に嫌われるのだ。入れ墨なんてやめちゃえばいい」（意訳）と語ったというのだ。

無宿や前科者の心情も思いやった人情奉行。だからこそ、担当する裁判も円滑に行われた。

寛政元年、京都御所造営のための木材調達に際し、公金を着服したとして逮捕された勘定所の役人某は、たび重なる取調べにも頑《がん》として口を割らなかった。ところが根岸の巧妙な尋問で、ついに犯行の詳細を吐いたという（「根岸の智計《ちけい》ニて白状致候由」）。

根岸は、訴訟のため地方から江戸に呼び出された村人たちの間でも抜群の人気があった。「御慈悲深い有がたい御奉行だ」と大評判。人気の秘密は、慈悲深さにもまして、彼の裁判が総じて「早く済」むためだったようだ。裁判が長引けば、滞在費その他さまざまな出費がかさむわけだから、なるほど根岸は、ありがたいお奉行さまだったに違いない。

根岸が勘定吟味役時代のこととして水野が定信に伝えた話も、根岸の〝出世の秘密〟を余すところなく物語っている。

——日光御宮の修造が終わり、あとは日光御宮修造奉行の松平右《う》京《きょうの》大夫《だいぶ》の見分《けんぶん》（検査）を待つばかりという段になって、仁王門に塗りの剝げた所が発見された。担当者たちは真っ青。すると根岸がしゃしゃり出て、万事私にお任せくださいと申し出た。それから彼は、担当の役人たちから集めた金を口止め料として坊主たちに握らせ、塗りの剝げた所を一夜のうちに修繕させた。

さて、見分が行われた当日、右京大夫が仁王門の前に来ると、根岸は末席から進み出て、この仁王像の作者は名人の誰々ですとか、なるほど名作ですねとか、お世辞まじりに滔々《とうとう》と講釈したとか。右京大夫は根岸の巧みな話術に耳を傾け、そうこうするうちに見分は無事終了。誰ひとり咎《とが》められる者はなかったという——。

下情に通じ、柔軟思考で、気転が利き、弁舌も達者。窮状を切りぬけ仲間を救う才覚に長け、おまけにユーモアも。これだけ揃っていれば、なるほど役人の世界ならずとも成功するに違いない。たとえすくなからぬ幕臣たちの嫉妬の眼に晒《さら》されていたとしても。

〈なりあがり〉が幕府を動かす

根岸鎮衛の出自

素晴らしきかな根岸鎮衛。彼は、一体どのような家で生まれ、どんな境遇で育ったのだろうか。

幕府が編纂した（編纂の総裁は、本書の「就活の成功例・失敗例」に登場した、あの堀田正敦である）『寛政重修諸家譜』には、根岸は、幕臣安生定洪《あんじょうさだひろ》の三男として誕生。根岸家に養子入りし、宝暦《ほうれき》八年（一七五八）に二十二歳で同家を相続したと記されている。実家の安生家は小身ながられっきとした旗本だという。

ところが根岸の出自については、生前からさまざまな浮説がささやかれていた。根岸の前身は「臥煙《がえん》」（火消人足）で、蓄えた金で御徒《おかち》の株（いわゆる御家人株）を手に入れ、幕臣の末端からめざましい出世を遂げたのだとか、その身体は刺青《いれずみ》で彩られていたとか。

『日本古典文学大事典』（岩波書店）の解説（鈴木棠三氏執筆）では、これらを「取るに足らぬ巷説」と切り捨てているが、まったく根拠のない噂ならば、なぜ、根岸本人や子孫は、許しがたい名誉棄損であると強く否定しなかったのだろう（すくなくとも、私は本人や子孫が反論したという記録に出合っていない）。

根岸が武士ではなく庶民の出身であるという説は、当然、大谷木醇堂も承知していた。すなわち『醇堂叢稿』に「かの根岸肥前守《ひぜんのかみ》（氏家註・根岸鎮衛のこと）ハ越後より出たる匠夫にて、大八車の跡押《あとおし》を為《な》せしとも云ひ」と見える。根岸は、実は越後国《えちごのくに》（現・新潟県）出身の大工で、武士になる前は、大八車の跡押しなどもしていた（と言われていた）というのだ。

いくら下情に通じ、処世術に長《た》けていたからといって、まさか幕府の勘定奉行や町奉行まで務め、しかも名奉行と謳《うた》われた人物が大八車を押していたとは……。

ところが幕府の制度や幕臣の実態を熟知していた醇堂は、特に否定もせず、さりげなく根岸鎮衛の庶民出自説を記している。醇堂が根岸の出自にふれたのには理由があった。醇堂は次のような記述のあとで、その実例として根岸を取り上げたのである。

諸組の与力・同心及ひ御徒・御小人《おこびと》・御中間・御掃除の者等は、番代《ばんがわり》或ハ譲り株と号して売買沽却《こきゃく》をゆるさるゝをもつて、農にせよ商にせよ、銭財さへあれは、現米八十石（弐百廿八俵五斗）与力の株、七十俵五人扶持《ぶち》御徒の株を求め得て、御家人に列し、それより身をたてゝ要路《ようろ》顕職《けんしょく》にものぼり得る事也。

――与力や御徒など御家人の地位は「株」として実質的に売買が許されていたから、百姓町人でも、金さえ出せば、御家人すなわち御目見以下の幕臣になることができた。いや、それだけではない。ひとたび御家人になれば、御目見以上の旗本に昇格し、さらには幕府の要職に就くことだって可能だった――。

百姓町人でも、ぜひ旗本になりたいと思う者は、まとまった金を用意してまず御家人株を買い、しかるのち、やはり相当の持参金を払って旗本の家に養子に入り、その家督を継ぐことができた。もちろん御家人になってすぐれた才能を発揮すれば、養子入りしなくても旗本に昇格することも。われわれが今日想像する以上に、幕臣社会とりわけ御家人社会には、庶民出身者が多かったのである。

その典型的な（幕臣の間でよく知られている）例として、醇堂は根岸の出自に関する風説に言及したのだが、醇堂はまた「其他《そのた》この類頗《たぐいすこぶ》る多きに居れり」と書き添えている。ほかにも同様の例は腐るほどあるというのだ。

「系図」を購入する

勘定吟味役・佐渡奉行・持筒頭《もちづつがしら》などを経て、嘉永三年（一八五〇）五月、大坂町奉行在職中に没した中野又兵衛《またべえ》（石見守《いわみのかみ》）についても、醇堂はこんな話を伝えている。

中野がまだ御家人ですらなかった頃のこと、御徒の株を買うために出自の証明が必要だった彼は、下谷御成道《おなりみち》にあった書店で「系図」を購入したという。

醇堂は、中野が家に系譜が無いのを残念に思い、しかるべき系図を捜し求めていたところ、「露肆《ろし》」（露天の本屋）の店頭でこれぞという系図を発見したので、これを購入し秘蔵していたという話も伝えている。後者ならば御家人株を買う前ではなく、立身出世を遂げたあとのことかもしれない。

いずれにしろ中野又兵衛の先祖はさだかでなく、「中野氏ハ何《いず》れの馬骨《うまのほね》なるや知るべからず、その系もまた曖昧、証と為すに足らす」（中野など何処の馬の骨かわからない。家の系譜もいい加減で信用できぬ）とあからさまに譏《そし》る者さえいた。

醇堂自身は、なぜか中野に好意的で、中野は小豆坂《あずきざか》の戦い（一五四八年）で織田信秀《のぶひで》軍の勇士の一人として名を馳せた中野又兵衛の同名の子孫にほかならず、失われた系図を中野が偶然発見したのだ（「たま〳〵失って、ふたゝび得たるもの也」）と言う。中野に対する評価も高い。中野は、文才はなく武芸にも長けていなかったが、人となりは沈着で思慮深く、役人としては、川路聖謨よりもすぐれていた（「聖謨よりは吏材《りざい》多かりし人なり」）と述べている。役人としての能力はともかく、醇堂がどう言おうと、中野又兵衛の素性はさだかではないと言わざるをえない。

庶民の出身とささやかれていたのは、根岸と中野だけではなかった。元治元年（一八六四）十月、勘定組頭在職中に没した横田源七もまた、幕臣になる前は新潟の船頭だったと言われていた。

醇堂が「近世官吏中の一大奇偉人なり」と評した横田源七とはどのような人物だったか。家が近所だったことから、横田はしばしば大谷木家を訪れたが、ある日、横田は醇堂にこう語ったという。「足下《そっか》如きは大樹公《たいじゅこう》の飯を喰潰《くいつぶ》し、為す所無くして坐食《ざしょく》す。いつまで如《ごと》斯《き》の治世ぞとおもへるぞ」（お前さんなぞ、将軍から支給された飯を、なにもせずに食いつぶしているようなものだが、いつまでもこんなお気楽な世が続くと思うなよ）。

無為に禄を食むだけの旗本連中に警鐘《けいしょう》を鳴らすとともに、横田は、自身についても、「吾《われ》ら如きは素性は越後新潟の船頭也」（俺なんか、元は新潟の船頭だぜ）とさりげなく語った。まるで素性など関係ないと言わんばかりに。さらに「つら〳〵官府の有司を見るに、実に馬牛《ばぎゅう》の襟裾《きんきょ》なり。心せすんハあるべからず」とも。

幕府の役人たちを見ると、まったく「馬牛襟裾」といった連中ばかりだ。お前さんも気をつけなという意味。由緒正しい旗本といっても馬や牛が人の衣服を着けたようなもので、学識も無ければ礼儀も欠いていると語ったのである。

歯に衣着《きぬ》せぬ物言いは、職場（勘定所）でも存分に発揮された。当然、同僚たちはみな横田を嫌い奉行も煙たがった。そのため横田は「一人役」（同僚がいない一人だけの部署）である川船改役に異動になったが、勤勉で公明正大なうえ、不可能を可能にする（「同僚の為《な》し得さるを為し」）仕事力を評価されて、勘定組頭に昇進したのだという。

なりあがり立身

――御目見以下から次第に昇進し、御目見以上に昇格し（御目見以上にも「永々御目見以上」と「一代限り」があり、後者を「半席」と称した。なお醇堂は、御目見以上を「拝謁以上」と記している）、その後さらなる昇進を遂げて、勘定奉行や町奉行などの要職に――。

こうして立身を遂げた人には、当然、筋目正しい人はまれで、すでに述べたように、御家人株を買うなどして幕臣（武士）となった庶民出身者もすくなくなかった。庶民が幕臣に。そんな現象を、醇堂はこう表現している。

所謂《いわゆる》非《ひ》格《かく》御《お》取立《とりたて》（俗に成上り立身と云）の人にハ筋目正しきものは少なく、その家をおこしたるものは、或ハ前栽売《せんざいうり》の太郎兵衛、魚商の次郎兵衛、豆腐屋の三郎兵衛なと多き事也。

――幕臣の底辺から立身して、上級幕臣になることを「非格御取立」と称し、俗に「成上り立身」と言った。この〝なりあがり立身〟で家を起こした者の多くは、庶民の出身である。だから、彼らの中には「前栽売の太郎兵衛」（幕臣になる前は天秤棒《てんびんぼう》で野菜を商っていた太郎兵衛）や、「魚商の次郎兵衛」（同じく魚売りの次郎兵衛）「豆腐屋の三郎兵衛」といった連中が多い――。

なりあがり立身。俗称として通用するほどそれが幕府の人事に浸透したのは、醇堂によれば寛政年間（一七八九―一八〇一）以降だという。

按《あん》するに寛政以来、要路の有司、多くは卑下《ひげ》より身を立るものにして、祖先の汗馬《かんば》の労にて家をおこしたる子孫、これに任ずるもの少なし。

寛政以降、幕府の要職に、なりあがり立身の者が目立つようになり、先祖の勲功によって高禄を給されてきた歴々の旗本に、かえって要職に就《つ》く者がすくなくなったという。

醇堂は、なりあがり者にポストを奪われた由緒ある旗本の子孫を「祖先の顔面を垢辱《こうじょく》するものと謂《いう》べし」と叱咤《しった》せずにはいられなかった。なりあがりの連中に後れを取るとは、徳川家のために幾多の戦場で奮戦した御先祖たちの顔に泥を塗るようなものだというのである。

それにしても、寛政以降は幕府の要職（といっても老中や若年寄は大名が拝命するので、旗本が就任する要職には含まれない）の多くがなりあがりで占められるようになったとは……。これはもはや幕府における下剋上《げこくじょう》ではないか。

下剋上の現象は、幕末に多数の人材が登用されるようになると、さらに加速する。勝海舟、小野友五郎《ともごろう》、大鳥圭介《けいすけ》、平山敬忠、榎本武揚《たけあき》などなど、例は、いくらでも挙げることができるのである。

梅干吉兵衛

甲州浪人の出身

　幕末の対外交渉の歴史に足跡を刻んだ川路聖謨（一八〇一―六八）と井上清直《きよなお》（一八〇九―六七）の兄弟も、正真正銘のなりあがりである。川路はロシアや米国との交渉で敏腕を発揮し、八歳下の弟の井上もまた、西欧諸国との修好通商条約締結の担当者として重責を担わされた。

　二人の父親の内藤吉兵衛《きちべえ》（名は歳由）は、甲州浪人（武田家遺臣）の出身だという。江戸や大坂で過ごしたのち、九州に渡り、天領日田《ひた》（現・大分県日田市）の代官所の属吏となり、結婚。享和《きょうわ》元年（一八〇一）に川路を授かったが、日田に落ち着くことなく、江戸に出て、幕府の御徒となった。

　幕臣といっても御目見以下の御家人で、特に役得もなかったのか、家計はいつも火の車。このままでは息子たちの立身出世もおぼつかぬと、吉兵衛は、二人をそれぞれ幕臣の川路家、井上家に養子に出した。吉兵衛は、貧乏御家人のまま、文政五年（一八二二）に没したが、大谷木醇堂によれば、吉兵衛は生前「梅干し吉兵衛」とあだ名をつけられていたという（『灯前一睡夢』）。

なぜ「梅干し吉兵衛」なのか。その答は、貧苦をいとわず息子たちの教育に努めた彼の後半生に見出される。

息子たちの教育。吉兵衛のそれは徹底していた。川路を妊娠中の妻に和漢の歴史書を読んで聴かせ、妻にもまた四書《ししょ》（大学・中庸・論語・孟子）を読ませた。言うまでもなく、学問好きの子を産ませるための胎教だった（一方で享楽的な三味線の音は耳に入れないようにした）。江戸に来てからも、朝は飯と汁、昼は香の物だけ、夜も干物《ひもの》か油揚げという粗食を続けながら、息子たちの手習い用の白い紙は欠かさなかったという。

そんな吉兵衛の決まり文句が「子はせめころせ、馬は乗りころせ」。子と馬は厳しい上にも厳しく躾《しつ》けろという意味だが、吉兵衛は自身に対しても同様に厳しかった。弘化四年（一八四七）、奈良奉行だった川路は、父吉兵衛の思い出をこう記している。

——幼い頃、父上から鰻《うなぎ》の蒲焼きを頂戴したことがある。父上もどうぞと勧めたが、「われは今梅干をくひたり」と言って食べようとしなかった。父上は私に滋養に富む食事をさせようと、実は好物だった鰻に箸をつけなかったのだ（『寧府紀事《ねいふきじ》』）――。

梅干と鰻は食べ合わせが悪いから。そう言い訳して息子に蒲焼きを食べさせた吉兵衛。吉兵衛は結局息子たちの出世姿を見ずに亡くなったが、その思い出は川路聖謨や井上清直の脳裡に刻まれ、苦境に耐える精神力の根源として生き続けたのである。

川路は、梅干と鰻の蒲焼きの思い出を記しているが、吉兵衛はこのときにかぎらず、梅干ばかり囓《かじ》って息子たちの教育費を捻出《ねんしゅつ》していたのだろう（たとえば弁当も日の丸弁当だったかも）。だからあだ名が「梅干し吉兵衛」。容貌も梅干のように枯れて浅黒かったに違いない。

強烈なプライド

川路は、勘定所の「筆算吟味《ひっさんぎんみ》」（筆記と算術の試験）に合格して支配勘定出役という御目見以下の下級職に採用され（一八一八年）、役人生活をスタート。井上もまた、天保八年（一八三七）に支配勘定出役となった。

その後の二人の昇進はめざましい。川路は、佐渡奉行・奈良奉行・大坂町奉行などを経て、勘定奉行に。井上も、下田奉行・軍艦奉行・外国奉行・町奉行などを歴任した。

奈良奉行時代の弘化四年（一八四七）十月二十五日のことである。川路は、妾腹の息子市三郎（十六歳）が『論語』を音読しているのを聞き、その内容が自分にとっても新右衛門

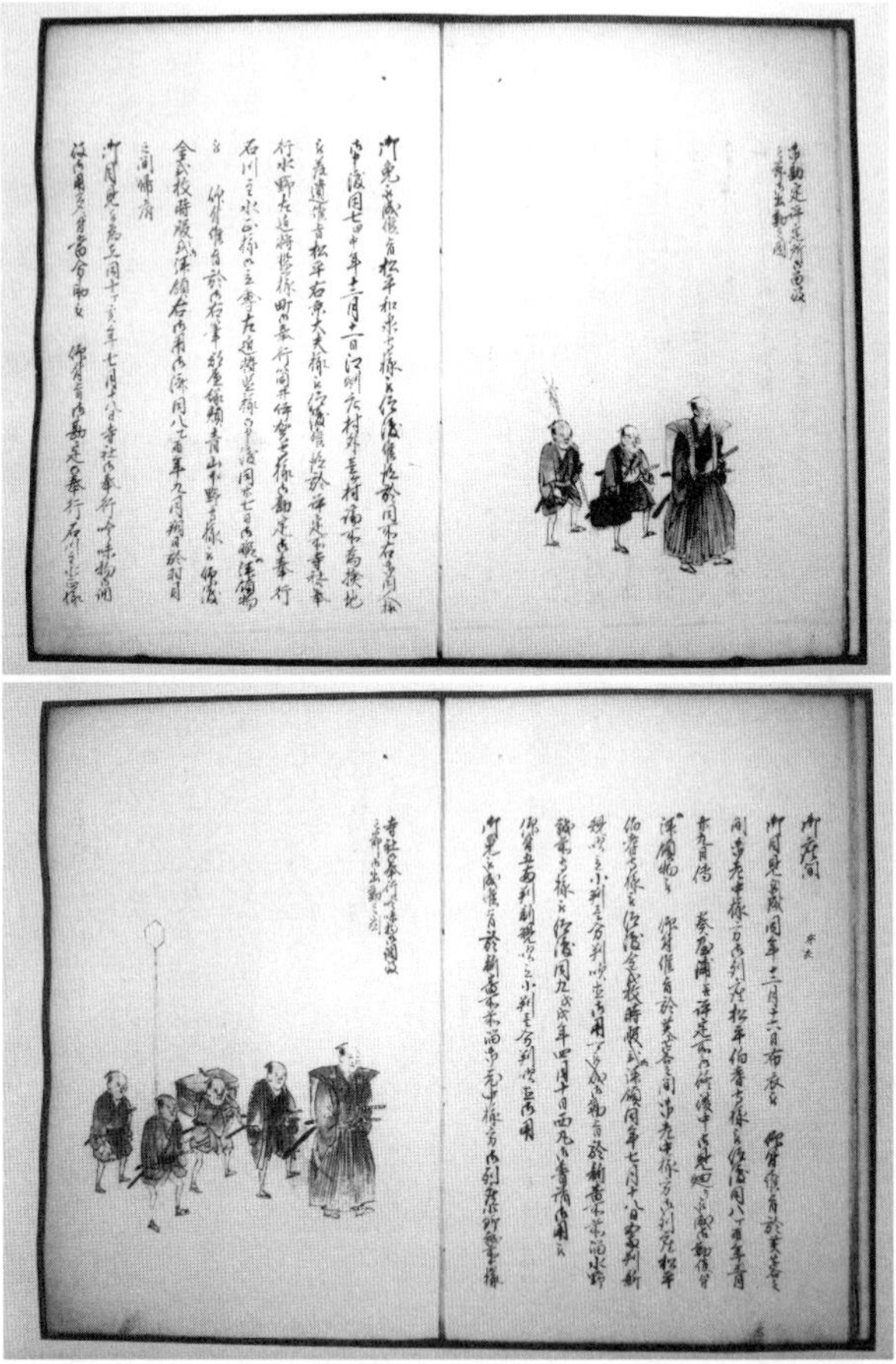

川路聖謨は、自らの出世の階梯を一代明細書として絵入りで残していた。（上）御勘定評定所留役時代の出勤の図。（下）寺社奉行吟味物調役時代の出勤の図。出世するにつれ御供の人数が増えていることがわかる。『画入 川路聖謨一代明細書』より（宮内庁書陵部蔵）

（当時、寺社奉行吟味物調役だった井上清直）にとっても「よきいましめ」（教訓）であると思い、思うところを日記（『寧府紀事』）に綴った。

市三郎が読んでいたのは、公叔文子《こうしゅくぶんし》の逸事。衛《えい》の国の公叔文子が、すぐれた家臣を推薦し、自分と同様の地位に昇進させたことを聞いた孔子が、公叔文子を大いに称賛したという話である。川路はまずこう記している。

三千年前も、下たるものとおもひしものと同席することは誰もいみ嫌ひしことなるへし。しかるを文子は賢を以挙《もってあげ》て、其偏執《へんしゅう》なき故に夫子《ふうし》の御称しありし也。

――大昔の公叔文子の時代だって、自分より格下と思っていた者と（対等な立場になって）同席するのは、誰も嫌ったはず。にもかかわらず公叔文子は、下の者の能力を正しく評価して自分と同等の地位に昇進させた。（地位や己の優越にこだわらない）彼の態度を孔子は讃《たた》えたのだ――。

そう書いたあとで、川路の目は、『論語』から、自身が身を置く幕臣の現実に転じる。

しかれは今の末世にて、今まで下役とおもひあごにて遣《つか》ひ、ひけの塵《ちり》を払《はらわ》せし人と同席するは、おもしろからぬかきりなるへし。そのことをおもひて代々の歴々たる御旗本之面々え突合可申《つきあいもうすべき》なり。

――（孔子の頃と較べれば末世と言わざるを得ない）今の世では、ずっと下役だと思ってアゴで使い、ヒゲの塵を払わせていた（おべっかを言わせていた）者が、昇進して自分と同席するのは、不愉快きわまりないことに違いない。われわれは、この点によく留意して、由緒正しいお歴々の旗本と付き合わなくてはならない――。

川路は、日頃から三河以来の歴々の旗本たちが、自分との同席を忌々《いまいま》しく思っているのを肌で感じていたようだ。そんな侮蔑と悪意をよく承知したうえで、彼らと付き合っていくべきだというのだろう。

歴々の旗本たちとうまく付き合うだけでいいのか。いや、それだけでは十分ではないと川路は言う。

さて己か下たるものは、よき人ならは早く引あけて進め用ゆるにおゐては、孔夫子《こうふうし》の御称をうくるわけ故に、少も偏執のこゝろあるへからす。

わが身の保身に努めるだけでなく、部下に優秀な人材があれば、積極的にこれを抜擢するべきだという。孔子が称賛した公叔文子のように、たとえその結果、下の者が自分と同役となるとしても、我執を捨てて人材の発掘と登用に努めるべきだというのだ。

川路は続いて次のように記し、この話題に終止符を打っている。

これ、人をは並々の地に置て突合、われは公文子《こうぶんし》の聖人に称せられしほとの地に置て身を誡《いましむ》る也。これも一ッのなりあかりもの丶身の持《たも》ちかたなるへし。

意訳すれば。――歴々の旗本たちは、いわば並の人々である。彼らと接するときは、そう承知して付き合えばいい。（凡庸な彼らに無いものねだりをしても始まらない）。しかし自分自身は、聖人（孔子）に讃えられた公叔文子のようでなければならない。これも「なりあかりもの」の生き方だ――。

川路が（弟の井上清直も含めて）、なりあがり者であることに、劣等感ではなく、強烈なプライドを抱いていた様子がうかがえる。言いかえれば、それだけ幕府の組織の中で、なりあがり者の重要性が増していたのである。

「役損」という多大な出費

幕臣たちの願い

役職に就いていれば、手当その他なにかと収入がある。なにか適当なポストに就けないものか。旗本の瀬名《せな》源五郎《げんごろう》（名は貞雄《さだお》）の場合も、役職拝命を期待して、新たに駕籠を拵《こしら》えるなど、支度《したく》に余念がなかった。

ところが一向にその気配がない。この調子では、支度に投じた金も無駄になってしまう。心配になって「人相見」に観てもらったところ、「今年の五月には望みが叶うでしょう。遅くても、九月には」（意訳）という答が返ってきた。はたして瀬名は八月に役職を拝命。幕臣たちの間では、人相見のホラ（「そっぽら」）が的中したと噂された。

右は、水野為長が寛政元年（一七八九）に松平定信に報告した情報の一つ（『よしの冊子』）。『寛政重修諸家譜』によれば、瀬名は、天明二年（一七八二）に大番を辞したのち、しばらく非役だったが、寛政元年八月二十六日に奥右筆《おくゆうひつ》組頭格を仰せつけられた。

瀬名は、寛政八年十月に老衰のため辞職し、十一月に八十一歳で没したというから、役職を心待ちにしていた寛政元年は、七十四歳だったことになる（あくまで『寛政重修諸家譜』に記された年齢が実年齢だとすればだが）。

できるだけ長く現職でいたい。多くの幕臣たちは、重篤な病（深刻な持病や老衰を含め）や特段の趣味、卓越した才能でもないかぎり、そう願っていたのではないだろうか。

家にひきこもる

役職こそすべて。しかしその一方で、役職に就いたゆえの多大な出費に苦しむケースもすくなくなかった。『よしの冊子』からその具体例を幾つか拾ってみよう（職名等は『寛政重修諸家譜』ほかで補足）。

――代官（御目見以上）になると、とりあえず出費が多くて大変だ。関東では役所と白洲を設けるだけで六十両は掛かるし、手代《てだい》長屋（代官の属吏である手代の住まい）を建て、家来を相応に召し抱えようとすれば、とても二、三年では借金を返済できない。このため利口な者（「一分別御ざ候者」）や先の短い老人は、代官を拝命してもあまり喜ばない――。

水野為長は、例として湯原孫兵衛と野口辰之助を挙げている。湯原の名は『寛政重修諸家譜』ほかに見えないので、あるいは水野の記憶違いかもしれないが、実際の名がどうであれ、その発言は興味深い。湯原は、代官を拝命した当日、思わず「仕廻た」（「しまった！」）と独りごちたというのである。

野口辰之助（名は直方《なおかた》）は、天明八年（一七八八）五月二日に支配勘定から代官に昇進。同時に御目見以下から以上になったのだから、野口の喜びやいかに、と想像されるのだが、野口は財布の紐をかたく縛って、代官になった出費を極力抑えたという。『よしの冊子』に「野口辰之助も一向取繕《とりつくろい》不致《いたさず》、支配勘定の時の通りの住居ニ致置《いたしおき》候由」とあるように、新たに代官の役所も建てず、従来の住まいで執務したというのだ。

――御先手《おさきて》になった水野備前守は、ただでさえ貧乏なのに、領地の年貢も滞って家計窮迫。そのため出勤もせず家に引きこもっているという（出勤すれば、服装・交際・供の者などに金が掛かるから）。加えて幕府からの拝借金を毎年二百両返済（「上納」）しなければならない。たまらず今年（寛政二年）だけでも上納を免除していただきたい旨の願書を提出したが「不相成義《あいならざるぎ》ニ候」（まかりならぬ）と突っぱねられてしまった。そのため家計は火の車。とても出勤できる状態ではないという――。

水野備前守（名は勝羨《かつなが》）は、持筒頭、日光奉行を経て、寛政元年閏《うるう》六月十九日に先手弓頭となった。ところが貧窮のため、その役職が務められず、家に引きこもっているというのである。

「引きこもっている」といっても、今日言う「引きこもり」ではなく、病気などを理由に出勤しないで家に居ること。『よしの冊子』には、水野備前守にかぎらず先手頭（先手弓頭と先手鉄炮頭）には引きこもりが多いという（「すべて御先手頭引込多ニて」）。先手頭は、江戸城の門の警衛などのほか、盗賊火《とうぞくひ》付改《つけあらため》を務めた。後者の出費が大きかったのであろう。

家計が苦しくて役職が務まらないのは、水野備前守や同役の先手頭だけではなかった。

> 妻木《つまき》因幡守《いなばのかみ》極貧ニて勤り不申《もうさず》候処、正月ハ是非出勤仕候積ニて、金子《きんす》三百両借出候処、家来右金子を持出奔致《もちしゅっぽんいたし》候ニ付、無是非《ぜひなく》引込《ひっこみ》候よしのさた。

――妻木因幡守は極貧で、御役を務められない。正月（寛政二年一月）は、なにがなんでも出勤しようと、三百両借金したが、家来がその金を持ち逃げしたので、仕方なく出勤できないで家にいるという――。

妻木因幡守（名は頼栄《よりなが》）は、右の話を水野為長が定信に伝えた寛政二年（一七九〇）には、小性組番頭だった。翌三年五月に書院番頭に異動し、同九年に七十六歳で没している。家来に大金を持ち逃げされたのは想定外だったろうが、それ以前に、出勤するために三百両も借金しなければならなかったことに、驚く。

大金を要する役職

阿部正信《まさのぶ》（六千石の旗本）は、文化十四年（一八一七）に駿府加番《すんぷかばん》を拝命し、一年間、駿府城の警衛等に当たった。正信は、その在任中に駿河国《するがのくに》（静岡県中部）の歴史・地理・産業・民俗等を調査し、江戸に帰ってからも研究を重ね、天保十四年（一八四三）に大著『駿国雑志《すんこくざっし》』を完成させた。

阿部正信にとって、駿府加番在任中の一年間は、人生の中で最も価値ある一年だったに違いない。価値ある一年。しかし駿府加番もまた大金を要する役職だったようだ。

――水野主膳《しゅぜん》は、駿府加番を拝命した日、大きなショックを受けたようだ（「加番被仰付《おおせつけられ》候日にハ、魂《たましい》を消《けし》候由」）。なぜか。駿府加番になると三千両（一説には千両とも）も掛かるからである。水野の場合は、どうやら本家が援助してくれるらしい――。

水野主膳とは水野主膳忠朋《ただとも》だろうか。忠朋は『寛政重修諸家譜』に、寛政元年（一七八九）四月に三十二歳で家督を継ぎ、五千石の旗本になったとあるが、駿府加番については記されていない。

久永内記《ひさながないき》の場合は、定火消《じょうびけし》（旗本十名で務める幕府直属の消防組織）になって困惑するだろうと取り沙汰された。

「火消」（定火消）を拝命したのは、久永にとって「難有事《ありがたきこと》」だが、「火消」になると出費は、五百両を下らない（「五百両ハぜひ〳〵入候由」）。「極貧」の久永は大いに難儀するだろうというのである。

役職就任ではないが、出張手当が過小で自腹を切るケースも。

——朝比奈次左衛門は、蝦夷《えぞ》（北海道）松前《まつまえ》に出張を命じられた。ところが支給された手当は金三枚。貧窮の身の朝比奈は、「金三枚じゃ、出張の支度もろくにできない」と嘆いたとか（「中々金三枚位ニてハ、支度出来不申候よし」）——。

朝比奈次左衛門、名は昌始《まさもと》。そう、小性組のとき、古参の卑劣な新入りイジメに敢然と立ち向かったあの熱血漢にほかならない（本書「職場イジメとキンタマザケ」を参照）。

朝比奈が松前に出張を命じられたのは、松前藩主の松前道広《みちひろ》が国許《くにもと》で退任を願い出たためで、その件で、西丸目付《にしのまるめつけ》だった朝比奈が派遣されたのである。松前道広は寛政四年（一七九二）十月に藩主を退任し、翌五年七月に朝比奈は目付に昇進している。経済的に苦しい中、なんとか出張を成し遂げたのが報われたのである。

大坂目付と長崎奉行

「その役目に従事しているために得られる余分の利得」（『広辞苑』）が「役得」だとすれば、

いままで見てきた例は、「役損」とでも言うべきだろう。

『醇堂叢稿』には、江戸末期から幕末にかけての「役損」の例が載っている。それは、同じく使番《つかいばん》の役職に在りながら、幸不幸が分かれた戸田七内（名は光新。二千五百石）と松平次郎兵衛（同じく清秀。千二百石）のケースだ。

——嘉永七年（一八五四）秋、戸田七内は大坂目付（大坂在勤の幕臣の行動の監察役）を命じられた。準備も整い、金銀時服も拝領しあとは出発するばかりという段になって、どうしたわけか突然、持筒頭に異動となった。戸田が、大坂目付を拝命して将軍に拝謁した際に下賜された金品を返上すべきかどうか伺ったところ、その必要はないという。戸田にとっては思いがけない幸いとなった（「存しもよらぬ幸福なりける」）。

この件で不幸に見舞われたのが、松平次郎兵衛である（「それに引かへて不幸到来せしは松平次郎兵衛也」）。松平は駿府在任となるはずだったのに、戸田が異動した結果、急遽《きゅうきょ》大坂目付を命じられたのである。ところが松平の家計は苦しく、とても大坂目付など務まりそうにない（「勝手《かって》不如意《ふにょい》によりて、その儀成らす」）。やむなく病気と称して辞職したという——。

人事に急変はつきものだとしても、なんと理不尽な。本来なら松平次郎兵衛に将軍から金品が下賜されるはずだが、すでにその分は戸田七内が受け取っていたから、松平にはなにも下されなかった可能性もある。

松平次郎兵衛は、嘉永七年八月十二日に大坂目付代（大坂目付は二名が交替で務めるので「大坂目付代」と言う）を拝命し、同月二十三日に病気につき御免となり、さらに十月二十七日の使番を辞職した。もっとも、翌安政二年七月には復帰して、その後、目付や禁裏付《きんりつき》を歴任している。

大坂目付になると、どうして大金が必要なのか。詳細はわからないが、寛延《かんえん》二年（一七四九）八月に使番に出された書付《かきつけ》に「寄合之節、料理差出致饗応」の文言が見え、宴会費などで多大の出費があった様子がうかがえる。書付には「年々過分之物入《ものいり》等相増候」ともあり、出費は年々増加傾向にあったようだ。

嘉永元年（一八四八）十月二十七日、奈良奉行の川路聖謨は、日記に「長崎奉行稲葉病死せしとの事也」と書いている。

「稲葉」とは、高五百石の旗本稲葉出羽守《でわのかみ》正申のこと。稲葉は、嘉永元年五月二十八日に長崎奉行を拝命し、九月十四日に長崎に到着したが、ひと月も経たない十月三日に同地で病死してしまったのだ（鈴木康子『長崎奉行の研究』付録「長崎奉行代々記」）。

川路は、続いてこう書いている。「借金は必《かならず》四五千両以上、拝借も千三百両は必あるへし」。稲葉の借金は四、五千両以上に違いない。ほかに幕府からの拝借金（貸付金）だって千三百両はあるはずだというのである。

川路は、どうして稲葉に巨額の借金があると断言したのか。それは長崎奉行が幕臣にとって羨望のポストで、長崎奉行になるために、三千両ほどの運動費（賄賂その他）が費やされるのが当たり前だったからである。（外山幹夫『長崎奉行』にも、猟官運動費が「長崎奉行三千両、代官千両」と言われていたと記されている）。

三千両どころか五千両、六千両の借金をしても長崎奉行になりたがった最大の理由は、その収入の多さだった。他の遠国《おんごく》奉行より役料（役職手当）が際立って高いばかりではない。長崎貿易の輸入品を廉価で購入して京大坂で売りさばく特権や、長崎の地役人や商人等から贈られる金品など、さまざまな役得で巨額の金が入ってきたという。生きていさえすれば、稲葉も数年で借金を返済できたに違いない。

役職就任にともなう諸種の接待費・交際費等が払えなくて出勤できず辞職した例。人気のポストに就くために巨額の借金を抱えたまま亡くなった例。「役損」で紹介した事例は哀調を帯びている。しかし役人の世界は哀しい話だけではないはずだ。元気を出して、次に今日では信じられないくらいあっけらかんとした「役得」の世界をのぞいてみよう。

「役得」か、昇進と名誉か

殿様は知っていた

あっけらかんとした役得の世界。一口に役得といってもさまざまだが、なかには現在なら役得というより、横領罪に問われるようなものもあった。

明治二十五年（一八九二）年から三十一年にかけて「東京日日新聞」に断続的に掲載された『想古録』は、天保年間（一八三〇―四四）前後の知名人の逸聞集で、著者は儒者の山田三川《さんせん》（一八〇四―六二）だと推定されている（小出昌洋氏による）。その『想古録』に「松山侯、家臣の不正を警戒す」の題で、こんな話が載っている（意訳）。

――伊予国《いよのくに》松山藩（十五万石）は、石高以上に内福な藩だったこともあって、諸役人の中には、「公物」（職場の物品）をこっそり盗み、これを売って稼ぐ者がすくなくなかった。あるとき、藩主（松平定通《さだみち》か勝善《かつよし》であろう）が、冗談まじりに近臣に言うことには、「うちの家中（藩）で、盗みをしないのはどの役の者だろうね」。近臣が「太鼓坊主（太鼓を打って時刻を報《しら》せる役）だけは、盗みをはたらいていないと思われます」と答えると、藩主は笑いながらこう言ったという。「いやいや彼らだって、時刻をはかるための香盤の抹香《まっこう》を盗んでいると聞いている」。近臣は絶句。「まことに畏《おそ》れ入った次第です」と慨嘆するほかなかった。

さて、この話が伝わると……。これまで知らぬ顔をして物品を着服していた欲深な役人たちも愕然《がくせん》とし、藩主はご存じだったのだと反省して、その後は盗み（横領）を慎むようになったという――。

財政が豊かな松山藩では、役人の多くが役所の物品を持ち帰って売りさばいていたというのである。ごく内輪の雑談とはいえ、藩主と近臣のやりとりには、驚かされる。なにしろ「うちの家来はみな盗人だ」とさりげなく言った藩主に、「いいえ、太鼓坊主だけは違います」と近臣が真面目に答えたというのだから。まるで役所の物品を着服して売り払うのはよくあることで、特に取り締まるほどのことでもない、というように。

同様の行為は、幕府の役人の間でも見られた。大谷木醇堂は、『醇堂叢稿』に驚くべき事実の数々を紹介している。

まずは「御台所勤仕の小吏」、すなわち将軍に差し上げる食事を調理する「御膳所台所」の小役人について。

――彼らの俸給といったら、二十俵二人扶持《ぶち》から十五俵一人半扶持。家族が五人も七人もいたら、とてもやっていけないはずだ。しかし高禄（高給）の者より裕福な暮らしをしているので、不思議に思って聞いてみると――。

ある御台所の小吏は、次のような内情を醇堂に語ったという（原文で）。

連日食するもの、常用の諸品ハ、ミな御台所より持来りて使用し、たとへは薪・炭・塩・味噌・醤油より鰹節・鶏卵・野菜・鳥魚の肉及ひ酒・酢・味醂《みりん》の類、自家にて使用するにあまれるほど持帰るゆへに、或《あるい》ハこれを親戚・知己・近隣に頒与《はんよ》するの充分あるをもつて、然り。

読んでの通り、自宅で使う日々の食材から調味料まで、すべて職場の「御台所」から持ち帰るので、食費は不用だというのである。しかも自宅だけでは使い切れず、余った物は、親類や知人さらにはご近所にまで分けてあげるという。

だから俸給に見合わぬ裕福な生活を享受しているのです。誇らしげに語った小吏は、続いて「みつから買とゝのふものとては、衣服のミ。その他凡百の調度、陶器にせよ漆器にせよ、ミな御台所より持来りて、自由也」と醇堂に自慢したという。

自費で買い調《ととの》えるのは衣服だけ。ほかは諸道具、食器もすべて御台所から持って来るので、不自由はしない（買う必要はない）というのだ。食材にしろ味噌や酒にしろ、将軍の食事に用いられるのは特上品だったに違いない。まして陶器や漆器となれば高価な物もあったはず。職場の文具やトイレットペーパーを家に持ち帰るのとは、わけが違うのである。

将軍・藩主の慈愛

同じことを、数百人もの御台所の小吏がしているに違いない。いや、将軍の食事を調理する台所だけでなく、大奥の台所その他でも……。醇堂は仰天し、ため息をもらさずにはいられなかった。

しかし醇堂のため息は、幕府の財政を虫食《むしば》んだ役人たちの不正に憤慨してもらされたのではない。それは彼が「泰山北斗《たいざんほくと》言ふべからさるの夥《おびただ》しきに驚愕すへし」と記しているのを見てもわかる。「泰山北斗」は、仰ぎ尊ばれるものの喩《たと》えとして用いられる語。醇堂は、役人たちの不正の大きさではなく、これほど大規模な着服を許容した幕府の財力に感嘆したのである。

そもそも御台所の小吏の話は、文政・天保年間（一八一八―四四）における幕府の富裕さ強大さを示す一例にほかならなかった。そもそも醇堂は、「御身上《ごしんしょう》の大なるを云ふに」、将軍の富がいかに大きかったかは次の話からもうかがえるとして、小吏の話を紹介したのである。

幕府の歳入は俗に八百万石と言われていたが、文政・天保年間には千六百万石以上だったのではないかと醇堂は推定している。十一代家斉《いえなり》が隠居して西丸に移ってからも、幕府の財政は豊かで、使い途《みち》に困るほどだったので、天保十四年（一八四三）に十二代家慶《いえよし》が日光社参を挙行したというのだ。

はたして醇堂の指摘どおり、幕府の財政が豊かであったかどうかは、とりあえずここでは検討しない。重要なのは、幕府の財政的なゆとりが、御台所の小役人の家計まで潤していたという認識だろう。

醇堂は「この有余物を俗に役得といふ」とも書いている。財政のゆとりから生じた「有余物」（おあまり）を役人が頂戴するのは、たとえそれが横領に等しい不正な方法であっても、厳しく咎めるほどの罪ではなく、むしろ将軍や藩主の慈愛の証しであるという。

奥右筆組頭の「地獄箱」

御台所の小吏が職場の物品を不正に持ち帰るのも役得に違いないが、幕府の役人の役得といえば、奥右筆組頭《おくゆうひっくみがしら》の懐に入る金品が代表的なものだった。

奥右筆の職掌は、財政・司法から俸給・家督・縁組・官位の補任・外交など多岐にわたり、幕末には、六名の奥右筆組頭（布衣）と四十名以上の奥右筆（御目見以上）がいた。修繕や土木工事をどの大名に行わせるかの人選にも関わっていた奥右筆組頭には、贈賄《ぞうわい》が後を絶たなかったという（松平太郎『江戸時代制度の研究』）。

明治半ばに行われた聞き取り（『旧事諮問録《きゅうじしもんろく》』）でも、旧幕臣の鈴木重嶺が「金になりますのは奥の御右筆組頭が一番でありますす」と証言している。その役得がいかに大きかったか察せられる。

幕府の役職の職掌などを記した『明良 帯録《めいりょうたいろく》』（一八一四年序）では、奥右筆組頭の「地獄《じごく》箱《ばこ》」の俗説に触れられている。「地獄箱」とはなにか。幕臣から提出された諸種の願書の内容を検討するのも彼らの職務だったが、有力者の紹介や縁故がない者、または贈賄しない者から出された願書の処理は後回しにして、書類箱に入れたまま。だから彼らの書類箱は「地獄箱」と呼ばれたというのである。

『明良帯録』は、これは安永・天明の頃まで、すなわち田沼意次が権勢を振るった頃までの悪弊であるとしているが、はたしてそうか。奥右筆組頭が握る権限はかくも大きかった。といっても彼らはエリートコースを歩んでいたわけではない。それどころか昇進からは遠いポストで、奥右筆組頭で終わるケースが多かった（「此場は昇途も遠き故、他場所へ出たる人少し」)。

醇堂は、奥右筆組頭について「執政参政に咫尺《しせき》して機密を司《つかさ》とれる故ニ、暗に威柄《いへい》を握りて頤使《いし》を逞《たくまし》ふし、又苞苴《ほうしょ》を収め得るの多き幸福あるの勤務也」と記している。老中や若年寄の側にいて幕府の機密にあずかるため、(上級の役職ではないが) その権限は大きく、偉そうにふんぞり返り、付届《つけとどけ》や賄賂も多いというのだ。

醇堂が名を挙げた奥右筆組頭は、青木忠左衛門、布施蔵之丞、田中休蔵(正しくは久蔵)、大沢弥三郎など。大方、十一代家斉の時代の在職者で、彼らのもとには、金銀珠玉のみならず、千両の価値がある日本橋近辺の土地の沽券《こけん》まで届けられたとか。

お金と土地だけではない。荒井甚之丞(一八四一年四月から奥右筆組頭。一八五四年に在職中に死没)のもとには、夏ともなれば高級絹織物である仙台平《せんだいひら》の袴地が三百反も届けられた。

組頭でない平の右筆の中にも、付届や賄賂で分不相応《ぶんふそうおう》な暮らしを享受している人がいた。たとえば神原孫之丞について、醇堂は、組頭ではなかったが、付届や賄賂を貪って財を成したのだろうか(「組頭ならねども努めて苞苴を漁取するの富有にや」)と述べたあとで、その証拠として、役高二百俵の身にもかかわらず、神原が「下婢《かひ》」を十六人も雇っていた事実を挙げている。「下婢」といっても、飯炊きや洗濯をする通常の下女ではない。妾ともいうべき若い女性を十六人も抱えていたのだから、その富裕たるや恐るべし。

徒目付の「すさまじき株」

御目見以下の徒目《かちめ》付《つけ》が懐に入れる付届や賄賂も並外れていた。

すでに寛政元年（一七八九）に、水野為長は松平定信にこう報告していた。「御坊主と御徒目付、御小人目付などは、いずれも俸給不相応な生活をしているそうです。といっても御小人目付の場合は微々たるものですが、御徒目付になれば、どんなに清廉潔白な者でも暮らし向きは良くなるとか」（意訳）。清廉の士であっても、徒目付になるとおのずと富裕にならざるを得ないというのである（原文は「御徒目付ハ、いか様成篤実者《ようなるとくじつもの》も、相応ニ勝手ハ宜く相成《あいなり》候由」）。徒目付の役得は、幕府の役人の中でも際立って多かったらしい。

徒目付は、目付の命をうけて諸役人の公務執行状況などを内偵するほか、江戸城内の宿直、遠国御用などを務め、刑の執行にも立ち合った役職。徒目付組頭も御目見以下だったが、「御目付支配第一の大役」であるとともに、職掌は重要かつ多岐にわたり、「励場《はげみば》」（やりがいのある役職）であるという（『明良帯録』）。

醇堂は言う。徒目付は「至極の賤小吏」だが、その職権が大きいので、「所得収獲」は想像以上で、「聞しより見て驚くの景状あり」（百聞は一見にしかず）と。醇堂はまた、徒目付の役得は担当によって大きな差があり、「辻番掛り」「牢屋見廻り」などの役得はさほどでないが、「御《お》仕《し》置《おき》掛り」のそれは夥《おびただ》しいという。

このように、現在刊行されている諸種の歴史事典に記されていない幕府の内情や役人社会の細部まで記しているのが醇堂の著述の特長だ。なにより貴重なのは、彼が、実際に面識のあった同時代人の証言をふんだんに紹介していることである。

徒目付の役得についても例外ではない。

——かつて麻布《あざぶ》狸穴《まみあな》(現・東京都港区麻布狸穴町)に住んでいたとき、隣家に「御徒目付組頭」を務める小野伝左衛門《でんざえもん》がいた。小野のもとには、中元、歳暮ともなると、諸大名や諸役人から贈物が夥しく届けられた。それらの多くは殿中で「黄金入包目録」(進物として贈られる金の包み)として渡されたが、なにしろ数が多いので、懐や袖に入れておくわけにはいかない。そこで小野は、旗本が出勤の際に用いる挟箱《はさみばこ》を「目録はこ」と名付けて渡された「黄金入包目録」を詰め込み、下僕に担がせて帰宅したとか。この話は祖翁(醇堂の祖父、大谷木藤左衛門)から聞いたものである——。

醇堂はまた、小野伝左衛門の「目録はこ」は箱の蓋《ふた》が持ち上がるほどギュウギュウ詰めだった(「箱の蓋もち上かるほと堆《うずたか》く入れり」)と記している。その様子が目に浮かぶほどリアルな記述だ。まさに百聞は一見にしかずではないか。

これほど儲かるポストなら、現状のままがいい。名より実を選んだ小野の生き方を、醇堂は「なまじゐに格式俸禄よろしき地に遷《うつ》りて栄転する時ハ、このすさまじき株に離れて、いたづらに爵位を尊くするに止まるをもつて、身を終るまで動かさりき」と表現している。昇進・昇給そして名誉（「爵位」）よりも、徒目付組頭のとてつもない役得（「すさまじき株」）を享受し続けたほうがいい。小野伝左衛門は、徒目付組頭のまま役人としての人生を終えたらしい。

これほどの役得を捨ててまで、「役損」があるかもしれないポストへの昇進を望むなんて。著者を含めて、現代人の多くは小野伝左衛門に同感するだろう。ところが幕臣の中には、経済的に美味しい役職より昇進と名誉を渇仰《かつごう》する人もいた。『明良帯録』の奥右筆組頭の項に登場する中根平蔵は、その典型的な例といえる。

四十年も奥右筆を務めながら、一向に異動（昇進）が無いのが不満だった中根は、「筆とりてあたま（頭）かく〳〵四十年　男なりや社《こそ》なかね平蔵」と不遇を愚痴《ぐち》る狂歌を詠んだ。奥右筆の役得が大きいにもかかわらず、ひたすら昇進を求めたのだ。しかしやがてこの歌が将軍（あるいは幕府首脳）の耳に入り、中根は宿願の昇進を実現したというのである。

一首の狂歌で四十年の夢を叶えた感動的な話だが、残念ながら中根平蔵の名は奥右筆組頭在職者の中に見あたらない。『明良帯録』の著者の記憶違いだろうか。それとも幕臣の間で語り継がれた「伝説」なのだろうか。いずれにしろ役得（お金）より昇進や名誉を重んじる幕臣がすくなくなかったことを中根の狂歌は物語っている。

【第四章】

遠山の金ちゃん

江戸城内の無礼講

役損とか役得とか、金品の損得をめぐる鬱陶《うっとう》しい話題が続いたので、口直しに、時代劇ファンにも喜んでいただけるような爽やかな話題を取り上げよう。ご登場願うのは、大岡越前守《えちぜんのかみ》と並ぶ名町奉行、遠山の金さんこと、遠山左衛門尉《さえもんのじょう》景元《かげもと》(一七九三―一八五五)である。

遠山景元は、勘定《かんじょう》奉行を長年務め、その才幹を高く評価された旗本遠山景晋《かげみち》の実子で、文政《ぶんせい》十二年(一八二九)に家督を相続したのち、小普請《こぶしん》奉行、作事《さくじ》奉行、勘定奉行を経て、天保《てんぽう》十一年(一八四〇)に町奉行(北町奉行)を拝命した。

天保の改革では、強引に改革を断行しようとする鳥居耀蔵《ようぞう》(鳥居甲斐守《かいのかみ》忠耀)らと対立して、大目付《おおめつけ》に転じたが、弘化《こうか》二年(一八四五)に再び町奉行(南町奉行)となり、嘉永《かえい》五年(一八五二)に六十歳で辞職。安政《あんせい》二年(一八五五)に六十三歳で没した。

というのは幕臣としての経歴の概略で、講談や時代小説、映画、テレビに登場する遠山の金さんは、桜吹雪《さくらふぶき》の刺青《いれずみ》で肌を飾った鯔背《いなせ》な名奉行である。彼が親しみをこめて「金さん」と呼ばれたのは、通称が金四郎だったから。ちなみに父親の景晋も、同じく金四郎、左衛門尉と称した。

著名な町奉行。しかし本書でわれわれが遠山（遠山景元のこと。以下同）に出会うのは、町奉行所ではない。それは「町入能《まちいりのう》」が催されていた江戸城本丸《ほんまる》御殿である。

町入能とは、将軍宣下《せんげ》や婚礼等の祝い事や法会のあと、江戸の町々の家主（大家）の拝見を許して、江戸城本丸大広間の南庭の舞台で上演された能興行のこと。拝見を許されたのは各町に家主一名に限られたが、実際には家主たちはこれを敬遠し、賃銭を与えて名代《みょうだい》の者を行かせるのが慣習になっていたという。

家主の名代として来た者の中には、礼儀作法とはおよそ無縁な長屋の連中もまじっていて、御城内のしかも将軍上覧の興行とはとても思えないような場面が繰り広げられた。

無礼講さながらの町入能の喧噪《けんそう》は、すでに時代劇や小説でも活写されているが、自身も幾度か町入能の場に立ち会ったことがあるという醇堂《じゅんどう》の『醇堂叢稿《そうこう》』によって振り返ってみよう。

——当日の服装は、麻上下《あさがみしも》の着用が条件だった。とはいえ実際には、種々の紋を切り抜いて糊《のり》で貼り付けた者もあれば、荒縄で襷《たすき》がけをして来る者も。その様子はまったく可笑《おか》しかった（「其行粧《ぎょうそう》甚可笑しきさま也」）。各自が貧乏徳利《びんぼうどくり》を持参していたが、これは能の上演中に尿意をもよおしたときのため（その場で徳利の中に放尿するのだ）。ほかに大手門を入る際に渡された大黒傘（番傘）を手に、町人たちは大広間の南庭の砂利の上に押し合いながら座を占める。その騒々しさといったら……。

しかしこの程度の喧噪はまだ序の口だ。能が三番終わって中入になり、月番の町奉行が御菓子や錫《すず》の瓶子《へいじ》に入った御酒を縁側に並べ、「町人共、承《うけたま》はれ」の一声に続いて、畏《おそ》れ多くも公方様から御菓子と御酒が下された旨を大声で述べると、たちまち町人たちは立ち上がって「イヤおやだま、うまゐ、成田屋、大和屋」と大喝采《だいかっさい》。さながら芝居小屋のような状況に。

果ては菓子と酒を奪い合い投げ合う狼藉三昧《ろうぜきざんまい》に発展するが、幕府の役人はこれを制止しなかった。なぜなら、これが将軍にとって、またとない「御慰《おなぐさ》ミ」だったから。「御機嫌なゝめならす、悦ひおぼしめさるゝ事也」。将軍は、退屈な能の舞台より町人たちの狂態を悦に入って見物していた——。

金ちゃん登場

ところで三田村《みたむら》鳶魚《えんぎょ》（一八七〇―一九五二）によれば、町人たちに「親玉」と声を掛けられたのは、町奉行ではなく将軍だった。

（上略）そうすると能が始まるのですが、同時に上段の御簾《みす》が上って、将軍の姿が見える。それをきっかけに、「やあ大将、親玉」といった具合に、将軍のことをすらいろいろ掛声をして、褒めるのだか冷やかすのだかわからないことを言う。

将軍に対してすらこうなのだから、老中以下は惨憺《さんたん》たるもので、老中や若年寄は「何の守《かみ》しっかりしろ」とか「禿《はげ》」「白髪頭《しらがあたま》」と声を掛けられ、町奉行に至っては「間抜《まぬけ》、馬鹿」といった、普段なら考えられないような罵声《ばせい》が浴びせられたという（いずれも三田村鳶魚『江戸ッ子』より）。

鳶魚の出典はさだかでなく、対して醇堂は実際に町入能の場を目の当たりにしていたので、とりあえず醇堂の言葉を信じたいが、幕府公認の無礼講、将軍のウケをねらって「大将！」「親玉！」と声を掛けた者もいたのかもしれない。

閑話休題《かんわきゅうだい》。ここでようやく遠山が登場する。町入能の際の町奉行の心得について、遠山自身が醇堂に語ったというのである。

遠山が直接醇堂に？　醇堂は遠山より四十五歳年下で、遠山が六十三歳で没したとき、まだ十八歳の若者だった。にもかかわらず、醇堂が、遠山と親しかったと言っても不思議でないのは、醇堂が老人の話を聴くのを好んだためである。醇堂は、あこがれの名奉行のもとを訪れ、積極的に遠山の話を記録したのであろう。

遠山は、十代の醇堂にこう語ったという。

——新米の町奉行は大声で一気に言おうとするので、喧噪にまぎれて町人たちの耳に入らない。だから私は、「ヤア親玉」と声が掛かったときは、しばらく口を閉ざし、騒ぎがおさまるのを待って、続きを述べることにしていた——。

遠山の言葉を聞いた醇堂は、さすがにベテランは違う。この呼吸で訴訟も裁いたのだろうとひとしきり感心し、さらに「この詞《ことば》の如くに世上に処して諸事万端を措置せは、失する事なかるべし」と述べている。遠山のように心がければ、万事間違いはないというのだ。

町火消の梯子をはずす

醇堂は、天保十五年（一八四四）五月の江戸城本丸の火災のときの遠山の活躍にもふれている。

――五月十日未明、大奥の長局《ながつぼね》から出た火は、雨中にもかかわらず、すさまじい勢いで広がり、老中は、町火消《まちびけし》を動員して富士見櫓《ふじみやぐら》の消火に当たらせるよう命じた。血気盛んな火消人足が集まって来たが、富士見櫓の銅瓦は雨に濡れ滑って上れないと誰もがためらうなか、い組の伊兵衛《いへえ》という七十歳を過ぎた棟梁《とうりょう》が進み出て、「それがし先登すべし」（俺が一番乗り）と、櫓に上り始めた。これを見て、若者たちもわれ先に上り、富士見櫓は焼失を免れた――。

伊兵衛は櫓に上がると、櫓内にあった「御文ばこ」（文書箱）の紐《ひも》を解いて下に投げ、その紐で梯子《はしご》を繋いで下にいた火消たちを上らせた。その場面を、醇堂の祖父の藤左衛門が見ていて、帰宅後、「此老人のおちつきたる体《てい》、実に驚きたり」と語ったと醇堂は記している。

そのとき遠山（当時の役職は大目付）はどうしたか。遠山は、なんと火消人足が櫓の上に上り切ると、梯子を切り落として下りられないようにしたという。

こうすれば火消たちは必死に消火に当たるはず。そんな遠山の判断を、醇堂は、伊兵衛の活躍とあわせて称賛している。「伊兵衛の胆勇《たんゆう》もとより論なしといへとも、左衛門尉よく咫尺《しせき》の間に襄州《じょうしゅう》背水の陣の策を施し得たり、共に賞すへし」。伊兵衛の胆力が素晴らしいのは言うまでもないが、背水の陣を成功させた遠山の咄嗟《とっさ》の判断も、それに劣らず素晴らしいというのである。

遠山の金さんと老棟梁。まさに時代劇のテーマにうってつけではないか。醇堂によれば、景元は「御役人の一枚看板」（最もすぐれた役人）であるとの名声を博したが、若い頃は大変な遊び人で、新吉原の遊廓で「仲《なか》どん」（遊女屋や茶屋の下働き）まで経験したという。

そんなの常識さ、とおっしゃる読者諸氏は、では当時彼がなんと呼ばれていたかご存じだろうか。遠山の金さん？　すくなくとも醇堂の記憶ではそれだけではなかった。『醇堂叢稿』に、「金四郎たりし日は放蕩《ほうとう》をきはめて、遠山の金チヤンといへは廓中にも轟《とどろ》きたるものなれは」とあるのを見れば、遠山は「金ちゃん」と呼ばれていたと言わざるをえないだろう。

そういえば、大日本雄弁会講談社編『いれずみ奉行』（一九五四年刊）に登場する「お島」という女性も、一つ年下の遠山に「金ちゃん」と呼びかけている（他に一九九一年初版のコミック、板井れんたろう『遠山の金ちゃん　大江戸スーパー迷与力』〔講談社〕があるが、この「遠山の金ちゃん」は、サブタイトルが示すように与力で、遠山景元ではないようだ）。

「金さん」でも「金ちゃん」でも変わりがないと思う人がほとんどだろうが、私は「金さん」と「金ちゃん」では印象がずいぶん違うように思う。「金さん」がイナセな感じがするのに対し、「金ちゃん」には、ヤクザっぽい凄味《すごみ》が漂う。遊廓でその呼び名が轟いていたとなればなおさらだ。

若き日の遠山は、今日伝えられている以上にあぶないワルだったのかもしれない。そうでもなければ、町入能の町人たちを上手に扱うくらいはともかく、火消の猛者《もさ》たちの梯子をはずさせるような酷薄な行為はできなかっただろう。通常の旗本なら、背水の陣は頭に浮かんでも、後日の報復を恐れて、とてもそんなことはできなかったはずだ。

一癖も二癖もある役人たち

下情に通じた任侠タイプの旗本は、遠山景元だけではなかった。

『想古録』には、根岸鎮衛《やすもり》は庶民の出で、身体に「一パイの文繍《ぶんしゅう》ありたり」（身体中に刺青が）という話も載っている。さすがに容易には信じ難いが、遠山の刺青の話（これまた真偽未詳）とあわせて、上級旗本の一部に下降志向とでも言うべき風潮があったことがうかがえる。

みずから火消人足となり、派手な喧嘩で頭部に傷を負った鷲巣《わしのす》清典《きよのり》についてはすでに述べた（本書「付鬢とカツラ事件」参照）。醇堂によれば、初鹿野《はじかの》信政（はじめ英信《てるのぶ》）もまた、千二百石の旗本の子でありながら、家計が苦しいうえ兄弟が多かったため、捨て子同然に酒屋にやられ、樽拾《たるひろ》いを経験したという。幸い跡継ぎがいなくなったので家に戻され、寛政《かんせい》四年（一七九二）に家督を継承し、日光奉行・普請奉行・大目付・留守居《るすい》を歴任して、天保十五年（一八四四）六月に没した。

樽拾いは、酒屋の小僧が得意先を回って酒の空樽を集める仕事（あるいはこの仕事をする小僧のこと）。集めた樽を店に持ち帰るだけでも重労働だ。行く先々でからかわれたりもした。そんな庶民生活の苦渋を体験した初鹿野が、のちに幕府の要職を務めたというのだから驚く。

広大院用人《こうだいいんようにん》（広大院は十一代家斉《いえなり》の正室）を務め、嘉永三年（一八五〇）に老衰のため職を退いた守山主計頭《もりやまかずえのかみ》（名は房仍）もまた、駕籠《かご》かきの経験があると言われていた。醇堂は、守山と遠山の二人について、「コノ二人ハ腹ニ字無キモ体ニ文アリト云フ」と記している。二人とも文（学問）は無いが、身体に文（刺青）があると噂されていたというのである。

根岸鎮衛、遠山景元、初鹿野信政、鷲巣清典、守山房仍などなど。醇堂はこれら文化文政から天保期にかけて名を馳せた一癖も二癖もある役人たちを「頗《すこぶ》ル吏材アルノ豪俊《ごうしゅん》」と讃えている。同時に、彼らが活躍できたのは、「畢竟《ひっきょう》ハ活眼達視《かつがんたっし》ノ明君」、将軍家斉が人材を見出す慧眼《けいがん》を備えた明君だったからだとも。

子だくさんで、享楽的な印象の濃い家斉だが、醇堂ら幕臣たちの間では、明君の誉れ高き将軍だったようである。

甚四郎と金四郎

遠山景元のようなタイプの町奉行は、彼が生まれるずっと前にもいた。

江戸時代の人物研究で知られる森銑三《せんぞう》（一八九五―一九八五）は、「甚四郎と金四郎」と題するエッセーで、遠山金四郎景元の有名な話のひとつが、実は遠山より九十年以上も前に町奉行になった能勢《のせ》甚四郎《じんしろう》頼一《よりかず》（一六九〇―一七五五）のものであることを明らかにした。遠山の「有名な話」とは、次のようなものである。

――若い頃、無頼の徒と交わり遊廓に出入りしていた遠山が、町奉行となって、遊廓の者たちを取り調べようとしたときのこと。白洲に居る遊廓の者から「おや金さんぢやないか」と声をかけられた遠山は、すこしも臆せず「お前たちは、まだ元のままで居るのか」とたしなめ、いつも通りに調べを終えた。（声をかけたのは遣手《やりて》婆《ばばあ》で、遠山は「いい年をしてまだ遣手などをしているのか?」と切り返したとも）――

森は、右とよく似た話を『はつか草』（昌平坂《しょうへいざか》学問所旧蔵。現在は国立公文書館内閣文庫が『はつか艸』の書名で所蔵）の中に見出した。『はつか草』は、大屋某（伝未詳）を中心とする仲間が、毎月二十日に集まった際に出た話題を書きとめたもの。その中に次のような話が含まれていたのである。

話の内容に入る前に、能勢頼一の経歴をざっと振り返っておこう。

能勢頼一、通称は甚四郎。元禄《げんろく》三年（一六九〇）十二月に一歳（満〇歳）で跡目を継ぎ、小普請となる。宝永《ほうえい》四年（一七〇七）十一月に番入して小性組番士に。その後、小納戸《こなんど》・小十人《じゅうにん》組頭・小性組組頭を経て、享保《きょうほう》二十年（一七三五）十月に目付となり、延享《えんきょう》元年（一七四四）六月に町奉行に昇進。宝暦三年（一七五三）に西丸《にしのまる》旗奉行に転じ、翌四年十一月に辞職、寄合となる。同五年五月没。享年六十六歳。

森が発見した「よく似た話」とは、以下のようなものだった。

――能勢甚四郎は、将軍（八代吉宗）のお眼鏡に叶って町奉行に昇進した。就任後まもなく、評定所《ひょうじょうしょ》で新吉原の遊女たちを取り調べることになったが、諸役人列座の中で能勢を困らせてやろうとたくらむ人がいて、かつて能勢が遊廓にしばしば通った事実をみなの前で暴くよう、遊女たちに言い含めておいた。

さて、能勢が登場すると、白洲に居た遊女たちは、立ち上がって「殿様というから誰かと思ったら、なあんだ甚《じん》さまだったの。お久しぶり」（原文は「殿さま〳〵といふはたれか事かと思ふたるや、甚さまのことじや、御久《おひさ》しい」）と大声でわめいた。

ところが能勢は微塵《みじん》も動揺の色を見せず、刀を提げて席を立ち、落縁《おちえん》に着座すると、遊女たちを「是《これ》へ参れ」と側に寄せ、彼女たちが禿《かぶろ》だった頃の話などをして大笑い。酒に酔ったときは世話になったとか、新造《しんぞう》の誰は今は何という源氏名で出ているのかとか、うち解けて話し始めた。

長々と話したあとで、能勢は遊女たちにこう言ったという。「俺も若い頃は酒に溺れ廓通いもしたが、ある日ふと、このままじゃいけねえと気付いて行いを改めた。そのお蔭で、今じゃご覧のとおり、町奉行としてお前たちを取り調べる役さ。もしお前たちの申し分におかしい所があれば、遠慮はしねえ、あそこに控えている同心どもに縛らせてしまうから、何でも知っていることは隠さず言うんだぜ」（以上かなりの意訳）。

と恫喝《どうかつ》したあとで、能勢は「やれやれ久しぶりにて逢て無事にてよろこぶ、随分大事に親方へ奉公せよ」（これは原文）と、遊女たちをしんみりさせることも忘れなかった（絶妙の呼吸だ）。

能勢は本来の席に戻ると、大音声で「新吉原何町何屋たれ（誰）抱遊女たれ（誰）」と臆する様子もなく遊女たちを呼び出し、吟味を遂げた。

居並ぶ歴々の面前で遊女に「甚さま、お久しぶり」と挨拶されても動じなかった能勢の態度を見て、さすがにお眼鏡に叶った者だけあると、人々は感心しきりだったとか——。

まるでお芝居のように面白い。できすぎていると言ってもいいだろう。ところが、これだけいきいきした場面に接すると、逆にフィクションとは思えなくなるから不思議だ。能勢の話は史実に違いない（すくなくとも私はそう思う）。

森銑三が指摘するように、遊廓に入り浸り、世間の泥水に洗われた町奉行は、遠山景元が最初ではなかったようである。

「没字漢」と「喫飯字典」

荷風先生の嘆息

漢字が読めないと笑われたのは、わが国のアノ総理大臣だけではない。

昭和九年（一九三四）一月二十日。作家の永井荷風《かふう》は、放送局のアナウンサー採用試験で、「鮪」を「まぐろ」と読み、「小督局」を「コトクキョク」と読んだ者がいたと日記に書きとめている（『断腸亭日乗《だんちょうていにちじょう》』）。いずれも大学の卒業生で、荷風先生は、彼らの無知をさもありなんと心の中で笑っただけで、特にコメントを添えていない。ちなみに「小督局」は『平家物語』に登場する悲劇の美女で、読みは「こごうのつぼね」。アナウンサーを目指している現代の大学生諸君は、はたして読めるだろうか。

荷風先生は、大正十五年（一九二六）七月十二日の日記でも、〃読み〃の乱れを取り上げていた。「秋葉ヶ原」の駅名が「アキハバラ」と読まれているのが不満で、「鉄道省の役人には田舎漢多しと見えたり」と記している。

元来この地は、広い原っぱの中に秋葉権現《ごんげん》の社《やしろ》があったので、「秋葉ヶ原」「秋葉の原」あるいは「秋葉っ原」と呼ばれていた。したがって駅名も「アキババハラ」であるべきなのに、東京の地名に疎《うと》い田舎漢（いなかもの）の鉄道省の役人が、勝手に「アキハバラ」と読んでしまったのだという。

荷風が誤っているとした「アキハバラ」なる駅名は、西暦二〇一一年の今日でも通用し、もし「アキバハラ」と読む人がいたら、東京を知らない田舎者と思われてしまうだろう。

学者は尊敬されていなかった

人名や地名の漢字の読みは、たしかに難しい。播磨国龍野《はりまのくにたつの》藩主で幕府の寺社奉行を務めた脇坂安董《わきさかやすただ》（一七六七―一八四一）は、類いまれな才子でありながら（当然、漢字を読むのは得意だったはず）、読み上げる文書にはかならず読み仮名を付けさせたという。なぜなら、村名を誤って読むと、白洲にいる百姓たちが返答をしなかったからだ（『寧府紀事《ねいふきじ》』）。

当然、天下の旗本にも漢字が苦手な人がいた。大谷木《おおやぎ》醇堂は、『醇堂叢稿』で信じられないような例を挙げている。

坂本太郎十郎（小十人頭を務め、嘉永五年六月に辞職）と萩原源三郎（小性組の荻原源三郎か）は、どちらも弓矢の達人だった。

ある日、醇堂がその自宅（どちらの自宅かは明記していない）を訪問したところ、蟇目《ひきめ》（矢の先につける鏑《かぶら》。あるいはそれをつけた鏑矢）を収めた箱の上書きに、なんと「幕目箱」と書かれていたではないか。弓矢の達人なのに、大事な道具の名さえ正しく書けないとは……。いや、「蟇目」を「幕目」と間違うどころか、「矢箱」に「失ヒばこ」と書かれていたとも。いくらなんでも本当だろうか、と疑ってしまう。

江戸時代の庶民の識字率は素晴らしく高かったというが、その一方で、幕臣の中には想像を絶する「没字漢《ぼつじかん》」（漢字知らず）がいたらしい。おのずと言葉の使い方も可笑《おか》しく、他人の母親を「御愚母様」と書く者も珍しくなかったとか。

さらに問題なのは、彼らの多くが無知を自覚しても恥じる様子がなく、それどころか、学問好きの同僚や仲間を蔑《さげす》み愚弄《ぐろう》する風潮があったらしい。

「汝は学者なり」（君は武士ではなく学者だね）、「孔子の道ヲ能《よ》く知りて、王子稲荷の道筋は知るまじ」（孔子の唱えた道は知っていても、王子稲荷へ行く道は知らないだろう）、「不用の人物」

(役立たず)、「仲ヶ間はづれ」といった言葉を浴びせたというのである。

学問ができる者を「めしを喰ふ字典」「生きて居る玉篇《ぎょくへん》」（註・玉篇は中国の字書）とも言ったが、これも〝生き字引〟という褒め言葉ではなく、漢字・漢文で頭が飽和した世間知らずのオタクという意味だったという。安積艮斎《あさかごんさい》の門弟で、江戸で御家人株を買って昌平坂学問所の教官を務めた白井信一郎も、あまりに世情に疎いので、「喫飯字典《きっぱんじてん》」とあだ名されたと醇堂は記している。

そもそも儒者（学者）は、今日われわれが想像するほど尊敬されていなかった。醇堂は言う。「一体儒者てふものは、俗に飯を喫する字典字彙《じい》といやしめられて、愚弄せらるゝを態とす」と。白井信一郎にかぎらず、総じて儒者という存在自体が、世間知らずの生き字引と見なされ、軽視されていたというのだ。

漢学（その基本が儒学）は江戸時代の武士の教養の基本には違いなかったが、かといって幕臣に深い儒学的教養が求められたわけではなく、学のある同僚を「めしを喰ふ字典」とからかった無学な旗本でも、老練、熟達と讃えられて、役人としての職務を果たした。

将軍だって同じだ。儒学の基本書である四書五経《ししょごきょう》の素読ぐらいはできなくては困るが、それ以上の研究は必要ない（と醇堂は言う）。その証拠に、八代将軍吉宗は、漢学の知識は十分でなかったが（「文字にハ富ミたまはさる御様子なれども」）、学問と教育政策には力を注いだし、九代以降も、漢学の知識に富んだ将軍はすくなかったが（「文学ましします御方すくなし」）、政務に支障をきたすことはなかった。

少年時代から無類の読書家で、十六歳で学問吟味《ぎんみ》に及第、二十三歳で昌平坂学問所の准博士に任ぜられた醇堂は、いわば漢学者のエリートのひとりと言えるだろう。その彼が、幕府の役人に漢学的教養などさほど必要ではない、読みにくい漢字は読めなくてもいいのだ、と述べているのである。それでも役人の職務に支障はなかったし、将軍や幕臣に学がなくても、幕府は安泰だったと。

あの頃に戻りたい

将軍に漢学の知識が乏しく、旗本が漢字が読めなくても、ゆるぐことがなかった幕府の組織と治世。愚鈍で無学な旗本が、心ゆたかに天下泰平を謳歌《おうか》していた日々が音を立てて崩れ始めたきっかけが、嘉永六年（一八五三）六月の黒船来航。開国を求める国書を携《たずさ》えた米国東インド艦隊司令長官ペリーの浦賀来航だったと、醇堂は往時を振り返っている。

あの日を境に、政治や外交のあり方を論じる学者が重宝がられるようになり、開国か攘夷か激論が交わされる時代が到来。そのため才ある人は、いままでのように悠々と日を過ごせなくなってしまった。

昌平坂学問所で行われた学問吟味でも、中国の史書から出題される論評問題だけでなく、安政三年（一八五六）には「イスパニアがルソンを征服したように、西欧諸国が日本を占領しようとする動きに、どう対処すべきか」（意訳）のような当面する外交問題が出題された。なまじ学問あるゆえに失敗する人もいれば、その言論によって人々に禍《わざわい》をもたらした人もいた。

醇堂は、「学者の尊崇《そんすう》されぬ世ほど慕はしきは無し」と、ペリー来航前の日々を懐かしく思わずにはいられなかった。学者が軽蔑され、おバカな旗本が多かったあの頃のほうがよかったというのである。

個性的すぎる「争臣の系譜」

役人の鑑

『流芳録《りゅうほうろく》』という文献をひもといてみよう。天保七年（一八三六）に内山温恭が編纂した全十五冊の書で、大老・老中から先手《さきて》与力《よりき》・徒《かち》まで、幕府の役職別に計百八十五人のすぐれた言行や逸事が紹介されている。

どのような人物が役人の鑑《かがみ》（手本）とされたのか。それだけでない、『流芳録』によって、われわれは、役人と呼ぶにはいささか個性的すぎる人間像にふれることができるのである。

たとえば鈴木喜左衛門重成《きざえもんしげなり》の場合。三代家光、四代家綱そして五代綱吉と、三代にわたって台所頭《だいどころがしら》として〝将軍の料理長〟を務め、元禄十五年（一七〇二）に七十八歳で亡くなった彼の逸事として採録されたのは、次のようなものだった。

――大猷院殿《たいゆういんでん》（三代将軍家光）の時代のことである。隅田川方面に鷹狩りに出かけた家光公一行は、強風のため（狩りもままならず）、木母寺《もくぼじ》で食事をとることになった。家光公はとても不機嫌で、鯛《たい》の吸物に砂がまじっているのを見つけると、激怒して、台所頭を切腹させよと命じた。ところが台所頭の鈴木喜左衛門は、将軍の前にまかり出て、砂が入るはずはありません。どうして切腹などできましょう、と敢然と反抗した――。

それだけならただの無礼者に過ぎないのだが、鈴木の場合は吸物に砂が入ったのは自分の責任でないことを理路整然と家光に説いたところが、ただの無礼者とは違っていた。

――公方様《くぼうさま》（将軍家光）は、手を洗わず口も漱《すす》がず、急いで御膳を召し上がりました。今日は風が強く土ほこりもひどい様子。お口やお髭《ひげ》に付いた砂が、吸物の中に落ちたに違いありません。手や顔を洗い清めても吸物から砂が出てくるようなら、そのときは切腹でも打ち首でも、存分になさるがいい。ただ腹が立ったというだけで（十分な吟味もなく）切腹を命じられても、かしこまりましたと服することはできません。

たしかに鈴木の言葉は筋が通っている。家光公は、言われるとおり手や顔を清めてから吸物を口に含んでみたが、砂は入っていなかった。家光公は「心付さる」（気が付かなかった）とおっしゃり、台所頭の鈴木喜左衛門にはなんのお咎めもなかった。その後、ご奉公に精を出しているという理由で、鈴木に二百石が加増《かぞう》された――。

真の忠臣とは？

主君の非を諫《いさ》める臣を「諫臣《かんしん》」あるいは「争臣《そうしん》」（諍臣とも）と呼ぶが、鈴木喜左衛門重成はそのいずれでもない。彼は家光を諫めたのではなく、家光の理不尽を忌憚《きたん》なく申し立て、わが命が不当に奪われるのを未然に防いだのである。結果的に家光が深い教訓を得たとしても、鈴木自身は家光を教育し、向上させるために、吸物に砂が入った理由を滔々《とうとう》と述べたのではなかった。

それでも『流芳録』の編者がすぐれた幕臣の逸事として鈴木の言行を記載したのは、奴隷のように主君に服従する家臣より、歯に衣《きぬ》を着せぬ物言いで筋を通し、主君を困らせる

「争臣」「諫臣」を真の忠臣と見る伝統があったからであろう。徳川の家臣について見れば、そのようなタイプの典型は、本多作左衛門《さくざえもん》重次《しげつぐ》にさかのぼる。

本多作左衛門重次（一五二九―九六）は、家康の老臣。長篠《ながしの》の戦の折に留守をあずかる妻にあてた簡略な手紙（「一筆啓上　火の用心　お仙泣かすな、馬肥やせ」）の作者として有名な彼は、また鬼作左《おにさくざ》の異名を持つ勇猛な戦士でもあった。と同時に、多くの人が列座する場で主君家康に激しい言葉を吐く不敵な家臣としても知られている。

不敵な家臣としての逸事を、林述斎《じゅっさい》が中心になって編纂した家康の言行録『披沙揀《ひさかん》金《きん》』から拾ってみよう（ちなみにこの故事の出典は『岩淵夜話別集』）。

――小田原攻めの途中、秀吉が、家康の居城の浜松城（正しくは駿府城か）で厚くもてなされ、宿泊したときのことである。おりから旅から戻った作左衛門は、旅装のまま登城し、秀吉の旗本衆や上方の諸大名が列座する中で、家康に向かって、大声で叫んだ。「殿はとんでもないバカなことをなさる。居城の本丸を、（相手が秀吉とはいえ）明け渡し、宿泊させるとは。この調子では、殿は女房衆も人に貸してしまうかもしれない」（意訳　以下同じ）。そう憎々しげに言い捨てると、作左衛門はそのまま宿所に帰ってしまった――。

秀吉の軍が小田原城を攻めたのは天正《てんしょう》十八年（一五九〇）だったから、右も同年のことだろう。作左衛門の言葉に、列座の面々は啞然とし、家康は表情をこわばらせたに違いない。しかしそこは家康、狂乱激怒することはなかった。

――「なんてバカなことを」（原文は「何をうつけを申す」）とおっしゃったのち、家康公は、列座の衆にこう弁解し謝罪した。「あの男は、本多作左衛門という当家譜代の者で、若輩《じゃくはい》の頃から奉公し、幾多の戦《いくさ》を経験した武辺者《ぶへんもの》です。しかしなにしろ遠慮を知らぬ我《わ》が儘者《ままもの》で、人を生きた虫ほどにも思わぬ困り者。ただいまみな様がご覧になったとおりで、拙者と差し向かいのときは、あの程度では済みません。どうぞお察しください。それにしても今日のような日に、場所もわきまえず不届千万なことを」――。

もちろん一座の人々も気を遣って、「あの方が、上方でも知られた本多作左衛門殿ですか。あのような家来をお持ちになって（羨《うらや》ましい）。お家の宝と申せましょう」と述べたという。忠義の臣には違いがないのだろうが、その上下関係を無視した物言いは、鈴木喜左衛門の比ではない。

遠慮のない発言

さすがに本多作左衛門ほどではないが、己《おの》が納得しなければ頑として従わないタイプは、その後も登場する。

『流芳録』『披沙揀金』に次いでひもとくのは、徳川氏の創業期から三代家光が没した慶《けい》安《あん》四年（一六五一）までの幕臣二千七百余人の列伝を収録した『干城録《かんじょうろく》』。若年寄堀田正敦《まさあつ》（一七五八―一八三二）の発案で編纂が始まり、堀田没後は、林述斎指揮下の昌平坂学問所に引き継がれ、天保六年（一八三五）に全二百三十五巻が完成した。

『干城録』から紹介するのは、大久保彦左衛門忠教《ただたか》と久松彦左衛門定佳《さだよし》の二人である。

大久保彦左衛門忠教（一五六〇―一六三九）は、家康に仕え、十七歳の初陣《ういじん》以来戦功を重ね、大坂の陣のときは鎗奉行を務めた。寛永《かんえい》九年（一六三二）、三代家光の時代に旗奉行に転じ、翌年七月に千石を加増され計二千石を知行。同十六年（一六三九）に八十歳で没した。

のちに講談や時代劇で取り上げられ人気を博した大久保だが、『干城録』に収録された逸事を見ると、その遠慮のない発言や傍若《ぼうじゃく》無人《ぶじん》の態度は、後世作られたフィクションの中だけではなかったことがわかるだろう。

事実は小説より面白い？『干城録』の編者が『老士語録』から抄出したのは、左のような話である。

――ある年、江戸城の新年の賀に列席した大久保彦左衛門の様子を見て、人々はびっくり。なんと「丹塗《にぬり》」（赤塗り）の烏帽子《えぼし》をかぶっているではないか。目付が駆けつけ大久保を「異体」であると咎めると、大久保はこう反論した。「合戦が行われていた昔は、拙者《せっしゃ》もしばしば名指しで仰せをこうむったものだが、泰平の世の今は、拙者など居ても居なくても上様（将軍家光）は気にもかけていらっしゃらないだろう。そこでなんとかお目に止まろうと（注意をひこうと）、昨夜このような烏帽子を自ら作ってみたのだよ」。結局、大久保は烏帽子を脱がなかったが、その後なんのお咎めもなかったという――。

老人の子どもっぽい悪戯《いたずら》といえばそれまでだが、これでは親族の者たちが堪《たま》らない。

――親族から「もう高齢なのですから、すこしは子孫の幸せを思って、我が儘な言動を慎み、幕府の有力者からも愛されるよう心がけるべきです」と忠告された大久保は、「なるほどもっともだ」と、屋敷の畠の菜を摘《つ》んで台に載せ、ときの老中松平信綱《のぶつな》の屋敷を訪れた。さて、大久保は、（取次の者に）持参した菜を差し出して曰《いわ》く。「親族の勧めで、子孫を優遇していただこうと、この菜を賄賂《わいろ》として持参しました。とはいえこんな菜はお受け取りにならないでしょう。そのときは他の老中のもとに持参する所存です」。はたして大久保は、その菜を持って、すべての老中の屋敷を訪れ、同様のことを述べたのだった。

「親族の勧め」と言われて、親族の者たちは赤っ恥をかいたに違いない。それからは誰も大久保の言動を注意する人はいなくなったとか――。

まるで〝意地悪じいさん〟ではないか。面白すぎる。

春日局と久松彦左衛門

もうひとりの彦左衛門、久松彦左衛門定佳は、頑固一徹の「争臣」だったらしい。

久松彦左衛門定佳は、慶長《けいちょう》五年（一六〇〇）、十五歳で家康に仕え、元和《げんな》元年（一六一五）の大坂夏の陣で勇戦、三百石の知行を加増された（計五百石）。寛永十四年（一六三七）九月、三代家光のとき、裏門切手番頭《うらもんきってばんがしら》を拝命。同十九年二月に留守居に転じ、万治《まんじ》二年（一六五九）に七十四歳で没している。

久松彦左衛門が本領を発揮したのは、江戸城の裏門切手番頭だった五十代のとき。将軍の乳母《めのと》として大きな力を握っていた春日局《かすがのつぼね》とのやりとりである。

——ある日の酉《とり》の刻《こく》（午後六時頃）。春日局が門を通過しようとしたが、門限を過ぎたので門は閉ざされていた。局は、夜詰めに参上したので門を通すように求めたが、久松は、相手が誰であれ、命令がなければ通すわけにはいかないと、通行を拒んだ。あきらめて帰ろうとした春日局。ところが梅林坂《ばいりんざか》の門も閉まっていて、帰るに帰れない。このため局は、屋外で夜を明かすしかなかったという——。

春日局は、寛永二十年（一六四三）に六十五歳で亡くなったから、このとき六十歳をこえていたと思われる。季節は定かでないが、さぞ身体にこたえたに違いない。そうでなくても、あまりに杓子《しゃくし》定規《じょうぎ》で融通が利かない対応ではないか。「私を誰だと思っているの！」

という口惜しさも加わって、彼女が、翌朝直ちに将軍家光に久松の非を訴えたのはいうまでもない。

家光はどう応えたか。『干城録』は、意外にも家光は機嫌がよくなり、「そう怒らなくても。定佳のような偏屈者がいるお蔭で、夜も安心して眠ることができるのですから」と言って、久松を咎めなかったという（「さないかりそ、定佳こときもの、あれハこそ、夜もやすくいぬるなれと仰《おおせ》ありて事すみけり」）。

たとえ相手が有力者であっても、正式の命令を受けていなければ、頑として門を通行させない。同じタイプの争臣の逸事は他にも幾つか残っているが、久松彦左衛門定佳の話はその代表格といえよう。

元禄前後になると、天野弥五右衛門《やごえもん》長重《ながしげ》（一六二一―一七〇五）という老旗本の言行が目立つようになる。天野の逸事は大久保彦左衛門のそれ以上に秀逸だが、天野についてはすでに別の本で紹介したので（『元禄養老夜話』のちに『江戸老人旗本夜話』と改題）、ここではふれない。

将軍を諫めた奇士、山田茂平

型破りの奇人

本多作左衛門重次、大久保彦左衛門忠教、久松彦左衛門定佳、天野弥五右衛門長重――。

大谷木醇堂は、この四人を、山田茂平《もへい》という御家人の〝先輩〟として挙げていた。

山田茂平とは何者か。『醇堂叢稿』は、「山田茂平は文学有て又《また》撃剣の技に達したる豪邁《ごうまい》の奇士なり。御徒士《おかち》を奉仕して下谷《したや》御徒町に住す」（文武とりわけ剣術の達人で、並外れてすぐれた人物である。御徒を務め、下谷御徒町に住んでいた）と述べたあとで、山田の奇異な髪型にもふれている。

「頭髪を摺《すり》さげやつこにして結髪の形を山字の如くし、羽織の紋に丸ニ田の字をつけて着用せり」。髪型は月代《さかやき》を大きく、鬢《びん》の部分を細く剃った「剃下奴《すりさげやっこ》」で、後から見ると山の字のように見えるようにし、羽織の背には丸に田の字の紋が見えるというのである。醇堂はそれ以上書いていないが、後から見ると、頭が「山」で背中が「田」。山田と読めるように趣向を凝らしていたのである。「豪邁《ごうまい》の奇士」を「並外れて優れた人物」と訳したが、山田は型破りの奇人でもあったようだ。

醇堂が山田を取り上げたのは、しかし後ろ姿の奇抜さではなく、その聞く人を驚愕させる争臣（諫臣）ぶりだった。山田が時の将軍をどのように諫めたのか。『醇堂叢稿』の原文をご紹介しよう。

文政度佐久間町《さくまちょう》火事の日、大樹公《たいじゅこう》、富士見三重の御矢倉にのぼらせ給ふて祝融《しゅくゆう》を台《たい》覧《らん》ありと聞き、当番所よりかけ出し、御矢倉下の堀前にたち、大声に、下民の困難するを見て自己の慰《なぐさ》ミと為すものは、桀紂《けっちゅう》の暴にひとし、滅亡近きにあるべしと罵《ののし》りしを聞しめされ、彼は何ものなるそと御意《ぎょい》なり。

ここまでの内容を意訳すれば。

――文政十二年（一八二九）三月の「佐久間町火事」と呼ばれる江戸の大火の際に、「大樹公」（十一代将軍家斉）が江戸城の富士見櫓の上から「祝融」（火事）の様子を見物していると聞いた山田茂平は、勤番所を駆け出し、富士見櫓の下の堀の前から、「下々の民が火事で逃げまどう様子を見物して楽しんでいらっしゃるとは、桀紂（中国の伝説的暴君）同然ではないですか。これでは幕府が滅びるのもそう遠いことではないでしょう」と大声で罵《ののし》った。これを耳にした将軍家斉は、「彼奴《きゃつ》は何者だ」と側の者にお尋ねになった――。
文政十二年三月二十一日の午前十時過ぎ、神田佐久間町河岸《がし》の材木小屋から出た火は、折からの強い西北の風にあおられて、日本橋、京橋、芝一帯を焼き、翌朝ようやく鎮火した。類焼家屋三十七万軒、焼死者二千八百人余。明和《めいわ》九年（一七七二）の「目黒行人坂《ぎょうにんざか》火事」以来の大火事だった。
それにしても、家斉が富士見櫓に上って火事の様子を見ていると聞いただけで、櫓の下から、あろうことか将軍に罵詈雑言《ばりぞうごん》を浴びせた山田の行動は尋常ではない。山田はどのようなお咎めを受けただろうか。

人々手に汗を握り、早々これを退けて御咎《おとがめ》をまちける。しか〳〵のよしを言上《ごんじょう》しけるに、馬鹿者、そのまゝに差置《さしおく》へしとて御沙汰はなかりし。茂平この事を聞て、我か如き馬鹿ものあれはこそ、大君高臥《こうが》安眠して居らるゝ也と大言して屈せさりしとぞ。

――山田を追い払ったのち家斉に事情を説明した人々は、山田にどんな厳罰が下されるか、手に汗を握って、家斉の言葉を待っていた。ところが家斉は「バカな奴。放っておけ」と言っただけで、山田は罰されることなく済んだ。話を聞いた山田本人は、「拙者のようなバカがいるから、上様（将軍）は枕を高くして眠れるのだ」とうそぶき、微塵も反省の色を見せなかったという——。

将軍家斉の太っ腹（寛容さ）には敬服するが、それにもまして山田茂平の傍若無人さにあらためて驚かされる。山田はまさしく争臣の系譜に列なる者であり、醇堂は稀有《けう》な幕臣としてその逸事を紹介したのである。

山田茂平のプロフィール

ところでこの話、本当なのだろうか。

山田茂平については、実は『醇堂叢稿』より詳しい記録がある。勝小《かつこ》吉《きち》が天保十四年（一八四三）に著した『平子龍先生遺事』がそれだ。勝海舟の父で『夢酔独言』の著者としても知られる勝小吉は、すでに本書に登場済み。その小吉が師と仰いだ平山子《ひらやまし》龍《りょう》の言行録が『平子龍先生遺事』である。平山子龍は、通称行蔵、名は潜。子龍は字《あざな》で、兵原《へいげん》、練武堂などと号した。

平山が山田茂平に詳しかったのは、山田が平山にとって「軍学の師匠」だったから。まず平山が勝に語った山田のプロフィールを要約してみよう。

――山田茂平は出雲国《いずものくに》（現・島根県）の出身で、ふだんも三尺五寸の刀と二尺七寸の脇差（どちらも長い）を差す、剛健な人物だった。若年より二十六歳まで法師として日本各地を廻り、二十六歳のとき、江戸に来て、御徒《おかち》の家に聟《むこ》に入った。ある日、女に溺れて志を立てられないのはこれがあるためだと、みずから去勢してしまった（「男根を切られけり」）。小柄なのを嫌って袴の腰を広くするなどした一方で、大酒飲みで、赤城明神の女郎を大勢引き連れて遊び歩く度量の広さもあった――。

平山は、山田の特異な髪型と田の字の紋についても述べているが、これは『醇堂叢稿』にもあったので省略した。それでも平山の話から山田の型破りな風貌が目に浮かぶ。なかでも御家人の家に聟入りしながら、去勢した苛烈《かれつ》な生きざまには言葉も出ない。

当然、職場の上司にとって、山田は困りものだった。

――あるとき徒頭《かちがしらしゅう》衆が言うことには、「その方、武芸の練達しているのは感心だが、身なりがあまりに奇抜過ぎる。これからは髪型を人並みにし、大小の刀も、もうすこし短くした方がよい」。すると次の当番日に、山田は袴着《はかまぎ》の祝いのとき幼児が用いる小さな刀を腰に差し、黒油（白髪染めに用いる黒色の鬢付《びんつ》け油）で付髪をして出勤。徒頭衆に「ご指図どおり世間並にして参りました。」と述べた。唖然とした徒頭衆は、「とてもいい感じだ」（原文は「至極宜しく候」）と挨拶するしかなかった。翌日から病気と称して出勤しなくなった山田は、隠居願いを提出。願いが許されると、浅草橋場《はしば》の宗泉寺（総泉寺か）の脇で隠居暮らしを始めた——。

平山が「軍学の稽古」のために毎日訪れたのは、この橋場の隠居住まいだったという。

山田が将軍を諫めた例の逸事は、平山によれば次のようなものだった。

——山田（平山は「山田先生」と呼んでいる）は、浚明公《しゅんめいこう》（十代将軍家治《いえはる》）に上書《じょうしょ》（意見書）を差し上げたことがある。しばらくして若年寄の植村駿河守《するがのかみ》宅に召された山田は、植村から、上書をご覧になった上様がご満足に思し召され、山田に御料理を下された旨を伝えられた。山田は上書に、将軍を喜ばせるどころか、上様が櫓の上で御酒を召し上がりながら火事の様子を見物したことを記していた。まぎれもなく将軍を諫める内容だった。ところが将軍は山田の上書を興味深くご覧になり、山田に御料理を下されたのである——。

『醇堂叢稿』と違うのは、まず山田が直接櫓の下に駆けつけて大声で将軍を罵《ののし》ったのではなく、後日、文書で申し上げた点。さらに大きな違いは、醇堂が記すように文政十二年の佐久間町火事の折ではなく、それより前の話であること。山田から話を聴取した平山は文政十一年に没しているから、翌年の火事のときであるはずがない。醇堂の記述（彼が聴いた話）は事実と異なると言わざるを得ないだろう。

もっとも、平山の話も正確とは言えない。山田の上書を受け取った将軍は家治だと言うが、家治は天明六年（一七八六）に亡くなっており、植村駿河守（名は家長）が若年寄を拝命した寛政十二年（一八〇〇）にはこの世に存在しなかったからだ。

実像と伝説

植村駿河守は、寛政十二年十一月に寺社奉行から西丸若年寄に転じ、文化二年（一八〇五）十一月に本丸勤務に。文政八年（一八二五）四月に西丸老中格になるまで、若年寄の職に在った。したがって家治というのは平山の記憶違いで（平山の話を勝小吉が聞き違えたのかも）、将軍はやはり家斉だったと思われる。

さて、植村は、上様が櫓の上で酒を飲みながら火事を見物したというのは下々の噂でまったくのウソであると諭したのち、今後もなにか意見があれば申し上げよと山田を励ましたとか。おそらく山田の上書には、〝火事見物批判〟のほかに、将軍をうならせる（満足させる）ようなことも綴られていたのだろう。

平山が勝に語ったところによれば、その日、植村の屋敷からの帰りがけに山田が平山の所に立ち寄り、駕籠の中から「行蔵、行蔵」と声を掛け、門から出てきた平山に、笑いながら上書の顛末《てんまつ》を語ったという。

上書の内容を不届《ふとどき》と咎められ、磔《はりつけ》にでもなるかと思っていたのに、上様が御満足だというので料理を頂戴してしまった。政治の道が衰えた証拠だ。これからは隠居して安楽に暮らすことにしよう。そう言って、山田は出勤をやめ、ほどなく隠居したというのである。

平山の話は、山田本人から直接聞いたもの。醇堂が人から聞いて書きとめたのとはわけが違う。『平子龍先生遺事』が山田茂平の実像を伝えているとすれば、『醇堂叢稿』は山田茂平伝説を紹介していると言える。

実像と伝説の違い。それでも家斉の度量の広さと、山田が幕府の衰退を激しい言葉で指摘した二点は共通している。この二つは重要だ。

将軍に向かって「滅亡近きにあるべし」と叫んだという伝説と、不遜《ふそん》な上書を提出したのに将軍が罰しないのを「政道の衰へなり」と評した事実は、山田茂平がまぎれもない争臣だった証しにほかならない。

そんな山田を、家斉が「馬鹿者」と言うだけで罰さなかったという伝説や、罰するどころか料理を下された事実は、家康以来の〝将軍と争臣の伝統〟をうかがわせる。

家康と本多作左衛門、家光と大久保彦左衛門、そして家斉と山田茂平。今ではほとんど忘れられてしまったが、山田茂平は江戸後期を代表する争臣なのである。

【第五章】

江戸城のトイレは怖い

幕臣用のトイレ

三十年近く前のことである。高知県のさる小さな博物館で、「もっと前へ。壁を突き抜けるくらい前へ」と書かれた手製のポスターが目に止まった。場所は男子用トイレ。小便器の前がビショビショに汚されないよう、利用者に注意をうながすポスターだった。

たしかに。大量にこぼれた尿は、不潔で掃除の人を困らせるだけでなく、利用者にとっても大迷惑である。靴が濡れないよう、不自然に開脚した姿で用を足した経験がある男性もすくなくないはずだ。

トイレは汚い。汚いはトイレ。といっても、さすがに江戸城の中奥《なかおく》(将軍が日常生活を送るとともに政務を執る場所)や大奥のトイレは清浄に保たれていたらしい。中奥の将軍用トイレは言わずもがな。大奥には汲み取りの必要がないくらい深く掘られた御用所(トイレ)があり、その室内は常に香が焚《た》かれ、将軍の妻女たちは、「尻拭き」のお供を連れて用を足したという。

十三代家定《いえさだ》の正室、天璋院《てんしょういん》は、「お月事《げつじ》」のときはお供を連れず、旗本の家で育った本寿院《ほんじゅいん》（家定の生母）は、そうでなくてもお供同伴を嫌ったが、大奥育ちの姫君様たちは、生理中も平然とお供に拭かせたらしい（三田村鳶魚『御殿女中』）。なんか変だ。ともあれ彼女たちが使用するトイレ（というか便器がある部屋）は、ピカピカに磨かれていたに違いない。

では、江戸城の「表《おもて》」、お城に勤務する幕臣たち（諸役人や勤番の士）が用いる職員用トイレはどうだったろうか。すくなくとも中奥や大奥のように麗しい空間ではなく、便器も違えば、使用方法だって違っていたらしい。

幕臣用の便器が、中奥や大奥のそれと較べて粗末だったのは当然として、使用方法まで違うとはどういうことか。

場面は変わって、東海道の大津宿《おおつ》（現・滋賀県大津市）。奈良奉行を拝命し、弘化《こうか》三年（一八四六）三月四日に江戸を発った川路聖謨《かわじとしあきら》は、同月十七日、大津宿で次のように記している（『寧府紀事《ねいふきじ》』）。

きのふの本陣にも、けふの本陣にも、雪隠《せっちん》に白木の台へ白砂をもり、夫《それ》えきれいなる貝しやくし添《そえ》あり。いかなることかわからす。用便したるあとにてその砂をかけることにや。少々猫に似たり。絶倒。

昨日泊まった石部宿《いしべ》の本陣にも、今日の大津宿の本陣にも、雪隠（トイレ）に白砂を盛った白木の台が置かれていた。しかも貝杓子《かいじゃくし》（貝殻に木や竹の柄をつけた杓子）まで添えてある。一体これは何だ。どうやら排泄のあとで便に白砂をかけるらしい。そう察した川路は、「まるでネコみたいだ」と噴き出さずにはいられなかったというのだ。

いかにも川路らしいユーモアあふれる日記である。注目すべきは、貧乏御家人の家に育ったとはいえ、すでに佐渡奉行や普請《ふしん》奉行などを歴任し幕府の高級官僚の一人だった川路が、高級なトイレの使い方すら知らなかった事実だ（話を面白くするために知らないふりをした可能性もあるが、すくなくとも不慣れだったことに違いはないだろう）。上級の旗本でも、日頃使用するトイレは意外と質素だったようなのである。

あまりの汚さに閉口

場面は再び江戸城。大谷木醇堂《おおやぎじゅんどう》は、江戸城のトイレについて、こう記している。

大広間・御白書院《おしろしょいん》及ひ中奥以内の厠《かわや》は清潔払拭《ふっしょく》奇麗なれども、御書院番所より御表《おもて》向《むき》の分は、尿其入口に流溢《りゅういつ》して入る事も成らぬほど也。

儀式が行われる大広間や白書院の厠（トイレ）、そしてもちろん中奥・大奥のトイレは、掃除も行き届き清潔で奇麗だが、書院番所ほか「表向」（「表」とも。諸役人の執務室や勤番士の詰め所などがあるエリア）は、ひどいもので、トイレの入り口まで尿が溢れ出て、足の踏み場もなかったというのである。

江戸城の下掃除《しもそうじ》（屎尿の汲み取り）は葛西《かさい》の百姓たちによって行われ、葛西権四郎《ごんしろう》という出入り業者がその権利を持っていたという（小川恭一『江戸城のトイレ、将軍のおまる』）。

しかし醇堂によれば、江戸城の下掃除を担当したのは「下與一郎《しもよいちろう》」という者で、連日出頭して、龍の口（和田倉門のあたり）の上がり場に舟数艘を漕《こ》ぎ寄せて、大勢で掃除（汲み取り）を行ったとか。いずれにしろ大便用の便器から尿が溢れ出たとは考えられない（しかものちに述べるように、江戸城のトイレはとても深かった）。たぶん小便用の溝が氾濫して大量の尿が流れ出たのだろう。

醇堂は、あまりの汚さに閉口した大久保彦左衛門が、あらかじめ罰金を払ってトイレの裏で用を済ませた話にもふれている。「大久保忠教《ただたか》が罰金を投して其うしろへ便せしといへるハ、尤《もっと》も左あるべしとおもわる」というのだ。

番方（武官）の旗本の心得を二百七十余の歌に詠んだ『番衆狂歌《ばんしゅきょうか》』（作者未詳。成立は江戸中期か）にも、江戸城内のトイレを用いる際の注意が詠まれている。

御番所の大用場《だいようば》へハ灯《あかり》なく　下駄にてすへる用心をせよ

大用場立とき帯かゆるまりて　脇差落す事も切々《せつせつ》

「大用場」は大便用の便所。「お城の大便所へ向かう通路には照明がない」までは確かだが、その先は「すべりやすいので下駄を履け」か「下駄を履いているとすべるので、注意せよ」か確信が持てない。おそらく後者の意味だろうが、だとすれば、トイレに下駄を履いて入ったことになる（小川氏の前掲書の解説でも後者）。

二番目の歌はあきらかで、「大便所では排便を終えて立ち上がるとき、帯がゆるんで脇差を落としやすいので、要注意」と訳せる。「切々」は「節々」と同義で、しばしば、ちょくちょくという意味。実際、江戸城のトイレの穴に脇差や所持品を落とすのは珍しくなかったらしい。醇堂も「脇差及ひ懐中物を遺失するハ毎度なる由」と記している。

右の歌は、新たに番入して江戸城に出勤するようになった旗本を対象にしたものだが、新入りは概して若かったから、初めのうちはとまどっても、やがて職場のトイレを無難に使いこなしたに違いない。

問題は、頻尿や残尿、排尿障害に悩まされる人が多かったと思われる年輩の旗本たちである。プライド高き天下の旗本たちの職場のトイレが改善されなかった理由のひとつは、ひょっとすると、高齢の旗本たちの居心地を悪くして退職をうながし、組織の若返りをはかるためだったかもしれない。

もちろんあくまで臆測。しかし暗くて汚くて危ないトイレが、頻尿や排尿困難、便秘等で悩む老人たちにとりわけ堪えがたかったのは事実だろう。

元禄《げんろく》十四年（一七〇一）四月、会津藩の重臣の一人、西郷頼母《たのも》が六十五歳で隠居を許された（『家世実紀《かせいじっき》』）。先年「腫物」を煩ってから老衰が目立つようになった西郷は、物忘れや眼のかすみに加えて、言舌と起居にも不自由を感じるようになっていた。さらに追い打ちをかけるように痔疾の病苦が……。しかし藩の重役としてなにより致命的だったのは、頻尿のため、長時間の会議に堪えられなくなったことだった（「小便繁《しげ》ク、御用之長座も難成《なりがたし》」）。

江戸城に出勤する老旗本の場合も、たぶん同様だったのでは。危なくて汚いトイレは、大久保彦左衛門の話からもうかがえるように、老人の出勤意欲を削ぐ最大の要因のひとつだったと想像される。たかがトイレ、されどトイレというわけである。

「糞死」した松下伝七郎

トイレが怖い。前述のように中奥のトイレは、将軍用のものは言うまでもなく、小性や小十人《こじゅうにん》・小納戸《こなんど》など将軍の側に仕え日常の世話を務める幕臣たちのトイレも、表（表向）と較べ格段に奇麗だった。表に出勤する幕臣たち、とりわけ高齢の者は、その点でも、奥勤めの幕臣たちを羨《うらや》んだに違いない。

ところが、悲劇はその中奥のトイレで起きた。嘉永《かえい》元年（一八四八）十一月二十七日の冬至《とうじ》の夜、泊まり番だった小納戸の松下伝七郎（九百石の旗本）が、あろうことかトイレに転落し、三十代で命を落としたのだった。

松下の悲劇について、醇堂は次のように記している。

> 嘉永元年戊申の秋、御小納戸役なりし松下伝七郎、御前に於て大盃《おおさかずき》に数献《すうこん》を賜はり、酔倒人事を弁せざるに至り、厠に陥りて糞死《ふんし》せり。

嘉永元年の「秋」とあるが、これは醇堂の記憶違いか誤記だろう。将軍（十二代家慶《いえよし》）から大盃で数杯の御酒を頂戴した（飲まされた）松下は、したたかに酔った状態でトイレにはいり大便をしようとして（あるいは用を足したあとに）、穴に落ちて死んだというのだ。醇堂は、松下の不幸な最期を「糞死」と表現しているが、「憤死」に掛けた彼一流の悪趣味な語呂合わせであることは言うまでもない。

この事件は当時大いに評判になったと述べたあとで、醇堂は、松下の命を奪った江戸城のトイレの構造にふれている。

蓋《けだ》し営中の厠なるや、巨溝の如く石にてたゝみ揚げ、幅員広敞、其深き丈余、陥れは首を没して見へず、階高くして登りがたく、人を呼んで声達せず、酔を帯びざるも死を免かれず。

――殿中のトイレは大きな溝のように石敷きで、幅が広いばかりでなく、深さも三メートル以上はある。このため誤って落ちれば、首まで没してよじ登ることはできず、助けを呼んでも声は届かない。たとえ酔っていなくても死は避けられない――。

落ちたら助からない底なし沼のようなトイレだというのだ。江戸城に出勤しあるいは宿直する幕臣たちにとって、そこは癒しや休息の場所どころではなかったのである。

板倉修理事件の「真相」

殿中の修羅

松下伝七郎の「糞死」は当時大いに評判になったらしい。『藤岡屋日記』ほかに事件の顚末を記した文書や狂歌が書きとめられているのを見ても、それがうかがえる。

とはいえこの事件が、一幕臣の〝酒の上の間違い〟に過ぎなかったことも事実だ。松下に大酒を飲ませた将軍家慶《いえよし》は、のちに松下の死の原因を聞かされて反省し、松下家を存続させるよう指示したという。とりあえず小納戸松下伝七郎一人が命を落としただけで、事件は収束した。

しかし延享《えんきょう》四年（一七四七）八月十五日に起きた事件は、舞台は同じ江戸城本丸のトイレとはいえ、その衝撃度は松下の「糞死」の比ではなかった。まず命を落としたのが、肥《ひ》後国《ごのくに》熊本藩五十四万石の藩主細川越中守《えっちゅうのかみ》宗孝《むねたか》であったこと。それにもまして、越中守が過失ではなく、六千石の旗本板倉修理《しゅり》勝該《かつかね》によって殺害されたからである。

事件は次のようなものだったと、幕府の正史『徳川実紀《じっき》』は伝えている。

――八月十五日は月次《つきなみ》の拝賀の日で、諸大名・旗本が江戸城に出仕していた。辰《たつ》の刻《こく》頃（午前八時頃）、大広間の厠《かわや》の辺り（原文は「大広間のかはやのもと」）で、細川越中守は、突然背後から差添《さしぞえ》（脇差）で斬りつけられた。殿中はたちまちパニックとなったが、誰の犯行かわからない。駆けつけた目付たちが犯人を捜索したが見つからず、玄関の舞良戸《まいらど》（引き戸の一種）を閉ざし、諸門を閉鎖して人の出入りを封じた（この間、医師が越中守の治療に当たった）。

しかるのちに大広間の厠の中を探索してみると、誰かが潜んでいる気配が……。近づいて顔を確かめると、寄合《よりあい》（三千石以上で非役の旗本）の板倉修理ではないか。目付たちの尋問に対して、修理は犯行を認めたが、意味不明なことを言うなど放心状態。捕らえられて蘇《そ》鉄《てつ》の間に監禁された修理は、網を掛けた駕籠《かご》に乗せられて、三河国《みかわのくに》岡崎藩主水野忠辰《ただとき》の屋敷に預けられた――。

翌十六日、細川越中守は傷が悪化して死去（実は殿中ですでに死亡していたのかもしれない）。板倉修理は、二十三日に水野忠辰の屋敷で切腹を命じられた。細川越中守宗孝はときに三十歳。板倉修理勝該の享年は定かでない。板倉修理の家は断絶。細川家は、宗孝の弟重賢《しげかた》の相続が認められ、重賢は十月に新藩主となる。宝暦《ほうれき》の改革と呼ばれる藩政改革を推進した名君である。

天保《てんぽう》十二年（一八四二）に出版され絶版となった大野広城《ひろき》『泰平年表《たいへいねんぴょう》』には、「越中守手《て》疵《きず》数多負倒伏、修理は奥雪隠《おくせっちん》に入て熟睡す」とある。なんと板倉修理は細川越中守に重傷を負わせてのち、奥雪隠（殿中のトイレ）で熟睡していたという。

臨場感あふれる証言も記録されている。

その日、平戸藩老公松浦《まつら》静山《せいざん》の伯父、松浦壱岐守《いきのかみ》邦《くに》は、事件が起きた厠に近い柳の間で座したまま負傷した細川越中守の姿を目撃した。伯父はのちに奥方に語り、その奥方から静山が聞いた話が、『甲子夜話《かっしやわ》』巻二に書きとめられている。

事件から十三年後に生まれた静山にとって、伯父の証言は生々しく、記録する価値ありと考えたのであろう。松浦壱岐守がどのような光景を目撃したか、意訳してみよう。

――厠の中から六、七人の坊主衆に支えられて出てきた細川越中守は、真っ青な顔色で、脇差を杖がわりにしていた。肩衣《かたぎぬ》は前も後も血で朱に染まり、息絶え絶えのありさま。その姿を見ただけで、私は気持ち悪くなり、見続けることができなかった。今でも、体調がすぐれないときに思い出すと、気分が悪くなるほどだ――。

伯父の松浦邦は、平戸藩主松浦誠信《さねのぶ》の世嗣で当時十六歳（二十六歳の若さで没し、藩主になることなく終わった）。いくら大名の若様で少年だったとしても、右の言葉は、武士として柔弱過ぎる感じもする。

天下泰平の世。それだけに、江戸城本丸で大身の旗本が大藩の大名に斬りつけ致命的な傷を負わせたこの事件は、衝撃的だったと想像されるのである。

家紋を見間違える?

それにしても、板倉修理はなぜ細川越中守の命を奪おうとしたのだろうか。

『徳川実紀』には、「世に伝ふる所」として次のように記されている。

――板倉修理勝該は、日頃から「狂癇《きょうかん》の疾《しつ》」(異常に激しやすい精神疾患か)があった。これでは家の当主は務まらぬ。本家の板倉佐渡守勝清《さどのかみかつきよ》(遠江国《とおとうみのくに》相良《さがら》藩主で、若年寄)は、修理を隠居させ、自身の庶子に跡を継がせようとしていた。それを耳にした修理は、佐渡守とともに自分を隠居させようとしている家臣某を殺そうとしたが、某は逃げ出した。

佐渡守は修理を屋敷に引きこもらせたが、事件の日、修理はなにやら理由を拵《こしら》えて登城した。殿中で佐渡守に怨みの一太刀《ひとたち》を浴びせようとしたのである。ところが佐渡守の家紋が細川越中守の家紋とよく似ていたので、相手を間違え越中守に斬りつけたのだという――。

強制的に隠居させようとする板倉佐渡守勝清を心底憎み、その命を奪おうとして登城した板倉修理勝該。しかし板倉家と細川家の家紋の柄が酷似していたため、誤って細川越中守宗孝に斬りつけてしまった。大名旗本の間で、そんな話がささやかれていたのである。

はたしてそうだったのか。『徳川実紀』は、右の話を紹介したのち、「これしかしながら修理狂気のいたす所にて、害せし後も、すゞろ言のみいひさはぎしとぞ」と述べている。原因はあくまで修理の狂気。その証拠に、捕らえられたのち、修理は意味不明のことばかり叫んでいたというのである。

幕府が編纂した『寛政重修諸家譜《かんせいちょうしゅうしょかふ》』（大名旗本の家譜集成）の板倉勝該の項でも、「八月十五日殿中にをいて狂気し、大広間北の落縁にして白刃《しらは》を振ひ、細川越中守宗孝に傷けし」とあるだけで、家紋を見間違えたことにはふれられていない。

家紋を見間違えるなど天下の旗本にあってはならない失態。それにもまして、殿中の刃傷の原因はすべて〝想定外の狂気〟でなければならないというのが幕府首脳の暗黙の了解だったのであろう。人違い説の当否にかかわらず、幕府は加害者の狂乱でことを済まそうとしたのである。

やはり板倉修理の単純な人違いが事件の真相だったのだろうか。家紋が似ていたから殺す相手を間違えた？　たしかに細川越中守と板倉佐渡守の家紋は似ている。前者が「九曜《くよう》」で後者が「九曜巴《ともえ》」。どれだけ似ているかはご覧のとおりである（二〇六頁参照）。

しかも、細川家は事件後、「九曜」のデザインを改めたばかりか、通常は五つ紋（礼服の背と左右の胸、両袖の五箇所に紋を付ける）のところ、七つ紋に改めたという。これらは人違い説を裏付けるように思われるが、それでも人違い説を強く否定する人がいた。ほかでもない、大谷木醇堂である。

事件は醇堂の誕生よりずっと前のことだから、彼の知識は、記録や古老の談話から得たものに過ぎない。『醇堂叢稿』の記述にも誤りがある。

醇堂は、事件が寛延《かんえん》年間のこととしているが（事件の翌年、延享五年七月十二日に改元して寛延元年となる）、これはあきらかな間違い。板倉佐渡守勝清が、事件の二年後、寛延二年二月に遠江国相良《さがら》から上野国《こうずけのくに》安中《あんなか》に封を移したので、誤解が生じたのであろう。それは醇堂が佐渡守を「安中侯」と記していることからもうかがえる。

事件の年を間違えたとはいえ、醇堂の反論はなお十分傾聴に値する。彼が人違い説に納得できなかったのは、以下の理由からだった。

①病的な精神状態の修理を、本人が何と言おうと、（月次御礼の日に）登城させるはずがない（「狂せしものを登営《とうえい》せしむる　理《ことわり》無し」）。

②修理にしても、いくら佐渡守を怨んでいたとしても、よりによって殿中で刃傷に及ぶはずはない。本家分家の関係なのだから、他にしかるべき機会があったはずだ（「安中侯を怨んでこれを刺んとするも、営中を俟《また》して為すへきの余地あり」）。

なるほど醇堂が言うとおりではないか。さらに「徽号《きごう》の相似たるは信用しがたし。然《しか》れ

旧細川邸跡に残る東京都指定天然記念物のシイ。当時の近隣トラブルを見ていたか？

細川家の九曜紋

板倉家の九曜巴紋

享保六年刊の「分間江戸大絵図」(国立公文書館内閣文庫蔵)にみえる細川越中守の邸(中央)。右側に板倉邸を示す「板クラ下ツケ」の記載が見える。両家の境界が下の写真で示した崖になっていた。

旧細川邸の北側の崖。下には板倉家の邸があり、その高低差が現代でもよくわかる。現在の港区高輪一丁目。

どもこれよりして細川家衣服に七箇の紋を付たると云ふ。戒厳警備もあまりにことやうなり」とも。意訳すると以下のようになる。「紋が似ていたので人違いをしたという説は信用できない。事件後、細川家では従来「五つ紋」だったのを「七つ紋」に変えたというこ とだが、こんな変な警戒の仕方があるだろうか」

たしかに「七つ紋」への変更は奇怪極まる。まるで同様の事件が今後も起こりうると警戒しているような措置だからだ。常識的に考えれば、紋が似ているため人違いで藩主が殺害されることなど、二度と起こるはずはない。にもかかわらず細川家が「七つ紋」に変えたのは、真相とは異なる人違い説を定着させるためのパフォーマンスではないのか（細川家は事件の原因を隠蔽している）。醇堂はそう疑っているのである。

崖の下の深い屈辱

ならば、板倉修理が細川越中守に斬りつけた本当の理由とは何だったのか。醇堂は事件の真相をこう記していた。

その頃、修理の邸宅は白銀台町《しろかねだいまち》の下にありて、熊本が屋敷の崖下《がけした》に当れり。大雨ある毎《ごと》に汚水流下して修理の邸に注き、家屋を漸漬し、毎々困却するにより、溝渠を造りてその害無からん事を懇請せしに、家臣等軽侮《けいぶ》して取合はざるを憤《いきどお》りて為したる事にて、侯の身に害を及ぼしたるなり。

――当時、板倉修理の屋敷は、白金台町の下（現在の港区高輪一丁目のうち）にあり、熊本藩邸（細川家の下屋敷《しもやしき》）の崖下に位置していた。このため大雨が降るたびに、藩邸の汚水が修理の屋敷地に流れ落ち、家屋まで浸水することも。当然板倉家では、細川家に対し排水溝を設けるよう要請したが、細川家の家臣たちは（たかが旗本と）軽んじて、相手にしない。憤懣《ふんまん》やるかたない板倉修理は、ついに細川越中守に怨みの刃《やいば》を浴びせたのだった――。

原因は、屋敷地が近接する板倉家と細川家の近隣トラブルだったというのである。本家から隠居を迫られるほど激しやすい気性の修理が、崖の上にある熊本藩邸から大雨のたびに汚水が流れ落ちてくる屈辱に堪えられるはずはない。排水溝の設置を懇願しても、細川家は無視したというのだからなおさらだ。真相は結局のところ不明のまま。しかし両家の近隣トラブルが原因だったという説は、人違い説よりずっと本当らしい。

享保《きょうほう》六年（一七二一）に出版された江戸の絵図（『分間《ぶんけん》江戸大絵図』）を開いてみよう。「細川越中守」の屋敷の北に「板クラ下ツケ」の屋敷が接し、さらにその北に「一柳《ひとつやなぎ》イナハ」の屋敷があったことがわかる。「一柳イナハ」は一柳因幡守《いなばのかみ》（名は頼徳《よりのり》。伊予国《いよのくに》小松《こまつ》一万石の藩主）で、「板クラ下ツケ」は板倉下野守《しもつけのかみ》。すなわち板倉修理勝該の父の板倉重浮《しげゆき》で、重浮の跡を継いだ勝丘《かつたか》が延享三年（一七四六）十二月に没したのち、当主になったのが、弟の勝該（修理）だった（二〇七頁参照）。

絵図の中、細川越中守の屋敷地に描かれている紋は「九曜」だが、板倉下野守の紋は、「九曜巴」を簡略にした「五巴」の紋を用いていた。絵図のお蔭で細川越中守（被害者）と板倉修理（加害者）の屋敷が隣接していたのは確認されたが、事件の原因となった双方の屋敷地の落差（高低差）まではあきらかでない。となれば、現地に行って確かめるしかない。

二〇一一年七月一日。JR田町駅で降りた私は、港区立港郷土資料館で『増補港区近代沿革図集』を購入し、目的地の位置等を確認してから、かつて熊本藩邸があった界隈を訪れた。そして旧熊本藩邸の敷地が、板倉修理の屋敷があった所から見ると、まさに〝崖の上〟と言えるほど高い位置にあることを確認したのである。大雨が降れば、汚物を含んだ大量の水が板倉の屋敷地に流れ落ちてきたに違いない。

殿中を仕切る「坊主力」

彼らは何者なのか

江戸城の坊主衆。といっても、彼らがどのような存在で何をしていたのか詳細に答えられる人はすくないだろう。時代劇の殿中のシーンに、台詞《せりふ》はないが必ず姿を見せる（まるで通行人か背景のように）坊主衆とは、一体なに者なのか。

このような疑問を抱いたとき、とりあえず開いて見るのが、幕府の職制についてわかりやすく解説している深井雅海『江戸城』である。

同書によれば、坊主とは「剃髪・法服で城内の雑役に従った者」で、同朋頭《どうほうがしら》の支配をうける奥坊主《おくぼうず》・表坊主《おもてぼうず》と、数寄屋頭《すきやがしら》の支配をうける数寄屋坊主、そして寺社奉行支配下の紅葉山《もみじやま》坊主などで、文政四年（一八二一）の『武鑑《ぶかん》』によれば、総人数は四百六十余（奥坊主と表坊主合わせて三百六十九人、数寄屋坊主が五十三人など）。このうち同朋頭・同朋・数寄屋頭の格式は御目見《おめみえ》以上の旗本役で、他は御家人（譜代准席）だった。

同朋頭は、老中・若年寄と大名・諸役人の間の取次などを職務とし、表坊主は大名・諸役人の給仕等の世話。奥坊主は奥向のさまざまな雑務を担当し、数寄屋坊主は、城内の茶室の管理や大名の喫茶を扱ったという。

坊主衆は、それぞれ大名・旗本等から付届《つけとどけ》があったので、想像以上に裕福だった。表坊主の場合、特定の大名と出入りの関係を結び、大名の依頼で登城の際に諸種の世話をし、あるいは幕府の役職在職中に世話をすることで謝礼を受け取っていた（深井氏によれば前者は「家頼《いえだのみ》」、後者は「役頼《やくだのみ》」と呼ばれていたという）。

このような坊主衆によって、殿中におけるさまざまな儀式の執行や文書等の取次がより円滑に行われたのは容易に察せられる。深井氏も坊主衆を殿中の「潤滑油」と見なしているのだが、そこには当然、弊害も生じた。

寛政元年（一七八九）、水野為長《ためなが》は、主君松平定信にこう報告している（『よしの冊子《そうし》』）。

芙蓉間《ふようのま》以上ハ、表坊主ニ年々三十両位ヅヽハ是非遣《つかわし》候由。御目付位ハ四十両位遣ひ候由。右ニ准ジ、二百俵位のもの迄《まで》、壱二両ハ是非遣ハさねバならぬ由。其上用事をバ弁じ不申《もうさず》、のらくらいたし候由。右ニ付立腹致候者多御ざ候よし。

芙蓉間（奏者番・寺社奉行・留守居・大目付・町奉行・勘定奉行などの殿中席）以上の大名旗本は、毎年、表坊主に三十両以上の付届をし、二百俵程度の旗本でも、一両や二両の付届は欠かせない。ところが、それだけ多くの付届を貰いながら、表坊主の連中は頼まれた用事を満足に果たさず、のらくら誤魔化《ごまか》している（まるで用事を頼むならもっと金を出せとでもいうように）、というのである。

水野はまた、「坊主衆に対して、大名はもちろん、どんなに小禄の幕臣でも、御城に出勤するかぎり、年二回（盆暮れ）の付届を欠かすことはできない」と述べ、平均的な坊主衆が得る付届の額を、年間で七、八十両と推定している（「一ト通りの坊主ニても、年ニ七八十金も収納仕候由」）。

にもかかわらず、頼んだ用事を果たさなかったり、勝手に帰宅したり。そんな不遜《ふそん》で我《わ》が儘《まま》な振る舞いに腹を立てながらも、仕方なし、坊主衆に用事を頼むしかない。この際ぜひ彼らを懲らしめてほしいと期待する声が幕臣の間からあがっている。水野はそう報告している。幕府の役職を務める旗本たちにとっては、坊主衆のような軽輩が金にまかせて裕福な暮らしをしているのも癪《しゃく》にさわっていたに違いない。

公務日記の中の坊主衆

　大名ばかりでなく、幕府の諸役所にもそれぞれの「頼坊主《たのみぼうず》」がいた。

長崎奉行遠山景晋《かげみち》の文化九年（一八一二）の公務日記を開いてみよう。六月二十八日、いつもより早めに登城して長崎から取り寄せた「御用鳥」（異国の珍鳥であろう）の様子を見た遠山は、別条ないことを確かめると、これを陰土圭間《かげとけいのま》に運ばせた。籠に入った「御用鳥」を運んだのは、「頼坊主衆」だった（『長崎奉行遠山景晋日記』）。

　坊主衆を通して文書等のやりとりをする例は、将軍の蔵書や幕府の貴重文書を保存・管理する書物方の日記（『書物方日記』）にも見える。書物方にも「頼坊主」がいたのは、文化六年（一八〇九）一月十六日の日記に、「頼坊主、一番頬《いちばんがわ》久勝部友栄ニ相成候間、以来左様相心得《あいこころえ》候様、玄佐申聞《もうしきけ》候」とあるのであきらか。書物方担当の坊主が新たに友栄となった旨、玄佐（表坊主組頭）から通知があったのである。

　書物方の日記には、ほかに「同朋頭」「張番坊主」「御用部屋（坊主）」も頻繁に登場する。

文化十一年（一八一四）前半の日記から例を拾ってみると。

【二月十一日】書物奉行の近藤重蔵《じゅうぞう》の妾が男子を出産。近江守《おうみのかみ》（若年寄・小笠原貞温）への届書を、同朋頭の林阿弥《りんあみ》を介して提出する（「近江守殿え御同朋頭林阿弥を以差出候」）。

【三月十日】書物方の分限帳《ぶげんちょう》を、張番坊主の長誉を介して伊藤河内守《かわちのかみ》（大目付）に提出する。

【三月二十一日】夏足袋願を、同朋頭の林阿弥を介して摂津守《せっつのかみ》（若年寄・堀田正敦《まさあつ》）に提出する。

【五月二日】大目付への例月の達書を、坊主清寿を介して伊藤河内守に提出する。

【五月三日】杉山善兵衛（書物方同心）の屋敷願いを、同朋頭の丹阿弥《たんあみ》を介して提出する。

【五月六日】明七日は出勤者が多いので、夕食の人数を増やす旨の通知（「増御台所断」）を、御用部屋坊主の宗珉《そうみん》を介して摂津守に提出する。

わずかな例だが、それでも、同朋頭や張番坊主、御用部屋坊主などを介して、さまざまな文書が書物方から差し出されている様子がうかがえる。御用部屋坊主は、老中・若年寄の執務室（御用部屋）で給仕をする坊主で、人事その他の情報を耳にする機会も多く、それだけに付届も多かったという。

案内人かつ相談役

大名が登城した際の坊主の役割を、加賀国《かがのくに》金沢藩の十一代藩主前田治脩《はるなが》の日記『太梁公《たいりょうこう》日記《にっき》』で見てみよう。

明和《めいわ》八年（一七七一）四月二十三日、金沢藩主前田重教《しげみち》の弟時次郎（二十七歳　六月に元服して治脩と改名）は、重教の隠居にともない、家督を相続した。『太梁公日記』には、同日登城して将軍家治《いえはる》から家督相続を命じられたときの様子が克明に記されている。

五時頃（午前八時頃）登城した時次郎は、坊主衆の部屋で、重教の名代として登城した松平播磨守《はりまのかみ》とともに休息し、装束を着替え、九時頃（正午頃）、坊主衆の指示で、播磨守とともに部屋を出た（以下、詳細は煩瑣なので省略）。

目付の指図で老中に謁するときの「習礼《しゅうらい》」（予行練習）を行ったのち、老中松平武元《たけちか》に面会して将軍に御目見する際の指図を受けた。このとき時次郎らに老中の来室を告げに来たのは、同朋頭の原田順阿弥だった。その後、表から奥（中奥）へ移動。御座之間《ござのま》で、家治から重教の隠居と時次郎の家督継承を仰せ付ける「上意」を拝聴した。しばらくして老中松平武元から、御目見が無事に終わり祝着《しゅうちゃく》の旨が伝えられ、時次郎も謝辞を返したが、いずれも仲介したのは原田順阿弥である。

その後参上した西丸《にしのまる》でも、時次郎は、表坊主の佐藤永務とその息子で同じく表坊主の道嘉の世話になっている。

家督相続のときだけではない。六月二十五日に元服のため登城を命じられたときも、七月朔日《ついたち》に初めて月次《つきなみ》の登城を体験したときも、そして七月七日にこれまた初めて節句の登城をしたときも、新藩主の前田治脩（前述のように元服して時次郎あらため治脩）は、同朋頭や表坊主衆からきめ細かい世話や指示を受けている。

たとえば七月朔日の場合。家督相続と元服の御目見は無事終えたものの、朔日・十五日・二十八日などに行われる月次御礼《つきなみおんれい》（幕府の年中行事のひとつ）は初めてで、治脩はかなり緊張していたようだ。

登城後も治脩は不安で、大目付の池田筑後守《ちくごのかみ》を部屋に招いて、先例の通りでよいかどうか老中に尋ねてきてほしいと頼んだ。池田が先例通りでよいという老中の回答を伝えても、不安は解消しない。今度は同朋頭の順阿弥を呼び寄せ、詳細なところがわからないので、右近《うこんの》将監《じょう》（老中松平武元）に聞いてきてと頼んだ。順阿弥は右近将監の回答を詳しく説明したが、それでも治脩の不安な気持ちはおさまらなかった。

将軍に拝謁する黒書院《くろしょいん》をぜひ下見しておきたい。順阿弥を伴って黒書院に出向いた治脩は、そこで目付の桑原盛員《もりかず》にも疑問点を問い質したのだが……。わずかながら疑問が残り、不安でならなかった。さて治脩はどうしたか。なんと、順阿弥を再び右近将監のもとに遣わし、疑問が完全に氷解したのち、安心して儀式本番に臨んだのだった。

多くの大名が居並ぶ中で、格式高き大藩の新しい当主として、些細《ささい》な失敗も許されない。そんな張り詰めた気持ちが、治脩をここまで神経質にしたのだろう。同朋頭の順阿弥の懇《ねんご》ろな世話がなかったら、治脩はストレスで体調を崩してしまったかもしれない。

江戸城の坊主衆は、幕府の約束事や作法に不慣れな大名や旗本にとっては、「潤滑油」どころか、かけがえのない殿中案内人であり相談相手でもあった。

疑問も解け安心して習礼を行っていた治脩のもとに、善佐（表坊主か）が来て、尾張《おわり》藩の世子徳川治休《はるよし》が近付きになりたがっていると告げた。習礼が終わってから、治脩は治休と会話を交わしている。坊主衆は、大名同士の交際を仲立《なかだち》する役割も果たしたのである。

傍若無人で金満家

困ったときの坊主頼み。そういえば、殿中で板倉勝該に斬りつけられ致命傷を負った細川宗孝の血みどろの身体を支えながらトイレから出てきたのも、六、七人の坊主衆だった（『甲子夜話』巻二）。彼らはまた人事異動などさまざまな情報を当事者に洩らした。お蔭で、昇進の場合はその準備ができたし、左遷《させん》の場合もショックが幾分かは和らいだに違いない。これまた坊主衆の「潤滑油」的役割と言えるだろう。

大谷木醇堂は、坊主衆の自宅に入ると、意外に暮らしが豊かなのに驚いたと述べている（「案外の生計をゆたかにするを見る」）。意外に？　それはあくまでヒラの坊主たちのことで、坊主衆でも同朋頭や御用部屋坊主は、たいそう裕福だったという（「家甚た富むもの也」）。

醇堂が裕福な坊主の例として名前を挙げたのは、天保の初めに、同朋格で御用部屋の組頭を務めた平井善朴《ぜんぼく》だった。善朴の派手な暮らしぶりは、「薄給小吏」の坊主とはとても思えなかったというのである。

平井善朴の名は、『甲子夜話』巻九十六にも登場する。

――松平阿《あ》波守《わのかみ》はあごヒゲを生やして江戸城に登城した（「頤下《あごした》に鬚《ひげ》を立て登城等す」）。その後、松平淡路守《あわじのかみ》も同様の姿で登城。しかも淡路守のヒゲは多かったという。そして表坊主の平井善朴も、（城中で）あごヒゲを蓄えていた。

同じ頃、先手を務める旗本某が、あごヒゲを蓄えているのを目付が見咎めた。某は「阿波守殿も淡路守殿も、あごヒゲを生やして登城していたではありませんか」と反論したが、目付に「お二人は御老中に伺ったうえ、届を提出していた。貴殿は伺を立てていないだろう」とたしなめられた。某が「坊主衆の善朴だって」と善朴を例に挙げると、目付は「善朴は賤しい者だから、先例にはならない」と某の弁解を一蹴《いっしゅう》したという――。

松平阿波守は、阿波国徳島藩主の蜂須賀治昭《はるあき》（藩主在任・一七六九～一八一三）。松平淡路守は、越中国富山藩主の前田利幹《としつよ》（同・一八〇一～三五）。二人は、おそらく健康上の理由で、あごヒゲが生えたまま登城するのを許されたのだろう。従来幕府はヒゲを蓄えて登城するのを禁じていた（氏家『武士道とエロス』講談社現代新書）。それだけに二人のヒゲは、斬新かつ男らしく見え、それを模倣する者が出現したのかもしれない。

表坊主の平井善朴もそのひとり。おそらく善朴のヒゲを〝かっこいい〟と感じた旗本某が、ならば自分もと、あごヒゲを蓄えて出勤したところ、仕事ぶりから生活態度まで幕臣たちを厳しくチェックする目付に見咎められたのだった。

目付に「下賤《げせん》の者」（原文）と見なされる軽輩《けいはい》の身でありながら、城内で先例を破ってヒゲを生やした平井善朴。その傍若無人な振舞いは、江戸城の坊主衆が経済的に豊かで、諷刺の精神に富んでいたばかりでなく（幕府の施策や幕閣等を茶化した狂歌・川柳の作者の多くは、彼らだったとか）、体力的にもすぐれていたことをうかがわせる。すくなくとも、坊主衆、茶坊主という言葉から想像するような弱々しい体軀《たいく》の連中ではなかったようなのである。

実は人材の宝庫だった

講談の『天保六花撰《てんぽうろっかせん》』や歌舞伎の『天衣紛《くもにまごう》 上野初花《うえののはつはな》』に登場する大悪党河内山宗春《こうちやまそうしゅん》（歌舞伎では宗俊）は、実在の数寄屋坊主で、強請《ゆすり》の罪で捕縛され、文政六年（一八二三）に獄中で没した。

竹尾善筑《たけおぜんちく》（一七八二―一八三九）は、増上寺の僧摂門として増上寺の歴史『三縁山志《さんえんざんし》』を著したのち、文政四年（一八二一）に還俗。その後、表坊主の竹尾氏を嗣《つ》いで善筑と称した。

仏教だけでなく武家故実や幕府の由緒・制度にも精通していた彼は、表坊主の身で多くの著述を残し、博識の人として重宝され、また大田《おおた》南畝《なんぽ》や屋《や》代《しろ》弘賢《ひろかた》など一流の文化人と交流した。

醇堂の父と懇意だった善筑は、しばしば大谷木家を訪れて、酒杯を重ねながら興味深い話を披露した。ある日、酩酊《めいてい》した彼は、こんな話をしたという（意訳）。

「昨今の寺社奉行は、まったく物を知らないね。寺社奉行吟味《ぎんみ》物調役《ものしらべやく》（裁許審理の方法を調査して奉行を補佐する役人）だって似たようなものさ。どちらも私に尋ねて初めて疑問が解けるので、奉行みずから、貴殿がいなければ奉行所の仕事はできないと言っているくらいさ」。

たとえ事実とはいえ、「当今《とうこん》ノ寺社奉行ナドハ一向埒《いっこうらち》モ無キ物識ラズ也」（原文）とは……。物知りの思い上がりか、碩学《せきがく》の自負か。いずれにしろ、表坊主の竹尾善筑が屈指の知識人だったことに変わりはない。

悪党もいれば碩学も。幕府の坊主衆は想像以上に多士済々だった。彼らの世界は実は人材の宝庫だったのかもしれない。

危ない空間

中断された切腹

天明四年（一七八四）四月三日、大屋遠江守（大目付）、曲淵《まがりぶち》甲斐守（町奉行）、山川下総守《しもうさのかみ》（目付）立ち会いの下、新番に属する旗本佐野善左衛門《ぜんざえもん》政言《まさこと》（二十八歳）の切腹が執り行われた。

三月二十四日の正午過ぎ、佐野は、江戸城本丸の中之間の辺りで、当時権勢ならぶ者がなかった老中田沼意次《おきつぐ》の子で若年寄の田沼山城守《やましろのかみ》意知《おきとも》（三十六歳）に斬りつけ、重傷を負わせていた。

大屋が佐野に対して、「其方儀、去月二十四日、田沼山城守え手《て》疵《きず》為負《おわせ》、乱心とは乍《もうし》申《ながら》、右疵にて山城守相果《あいはて》候ニ付、切腹被仰付者《おおせつけられるもの》也」と申し渡すと、佐野は大声で「難有仕合　奉畏候（ありがたきしあわせ　かしこまりたてまつりそうろう）」と述べ、心から感謝の気持ちを表したという。このときまで、田沼が存命と聞いて無念でならなかった佐野は、大屋の言葉によって、はじめて田沼の死を知らされたからである。

もはや思い残すことはない。揚座敷《あがりざしき》（五百石以下の旗本の未決囚を入れた独房）に戻った佐野は、行水を済ませ、囚獄《しゅうごく》（牢屋奉行）の石出帯刀《いしでたてわき》配下の同心に髪を結わせ、無地の麻上下に着替えて切腹の場へと向かった。

切腹の場に着座し、検使《けんし》（見届け）の目付山川下総守に一礼した佐野は、介錯《かいしゃく》（切腹人の首を斬り落とす役）を務める、町奉行所同心高木伊介に「御大儀《ごたいぎ》」（ご苦労）と挨拶した。すべてが作法どおり平穏に進んでいた。

ところが佐野の正面に木刀を載せた三方《さんぽう》が置かれたとき、破綻が生じた。

それにしても、なぜ真剣ではなく木刀が。切腹といっても実際には処刑と変わりなく、混乱なく確実に切腹人が絶命するよう、木刀を腹部に当てたとき、即座に介錯人が首を斬り落とすのが、当時の「定式《じょうしき》」だったのである。

切腹人に真剣を渡せば、狂乱して周囲の者に斬りかかるかもしれないし、それにもまして、なまじ真剣で腹を突くと、悶え苦しんで七転八倒し、容易に絶命に至らないだろう。そのような事態を避け、切腹という名の処刑が順調に執行されるよう、切腹人には名ばかりの刀が供されることになっていたのだ。

しかし佐野は、「名ばかりの切腹」を受け入れなかったのである。どうしても真剣を腹に突き立て本当の切腹がしたい。佐野はそう懇願し、処刑執行は中断。予想外の事態に人々は当惑するばかりだった。

すると山川が、配下の徒目付《かちめつけ》を呼び寄せて何やら言い含め、徒目付は、町奉行所の与力と内談したのち、山川に内談の結果を報告した。この事態にどう対処すべきか、どうやら山川の案が町奉行所与力に伝えられ、了承を得たらしい。

さて、徒目付の尾本藤右衛門が佐野に言うことには、「貴殿の願いを山川殿は許可しました。しかしここにはあいにく切腹に適した短刀がありません。曲淵殿方から取り寄せますので、しばらくお待ちください」（意訳）。佐野が「かたじけなき」旨を述べると、尾本はさらに、「貴殿の前に置かれた三方は、（上に木刀を載せているとはいえ）、公儀が定めた切腹の際の正式の三方です。作法どおり高く捧げ持つよう山川殿が申しています」（同）と、三方を高く捧げるよう、佐野に求めた。

佐野が三方を両手に持ち戴き、頭を下げたそのときである。介錯人の高木伊介の刀が抜く手も見せず振り上げられ、瞬時のうちに佐野の首を打ち落とした。首の皮を五分ほど残した見事な斬りっぷりで、佐野の頭部はうつむくように三方の上に載り、その両手は三方を持ったままだったという。

高木の剣技に人々が息をのんだのは言うまでもない。しかし『流芳録《りゅうほうろく》』の編者の内山がこの話を『遠相実録《えんそうじつろく》』（『田沼実秘録』とも）から拾って収録したのは、高木ではなく、目付の山川を顕彰するためだった。山川がすぐれた目付だった証《あか》しとして『流芳録』の「目付」の項で紹介したのである。

すべては山川の配慮から。佐野の死に際《ぎわ》の願いをむげに断れず、かといって幕府の定法を破るわけにはいかない。武士の情けと目付の職責の間で苦慮した山川は、「智謀」を働かせて、佐野に無念の思いをさせることなくその命を絶ったのだった。ちなみにこの話は、石出帯刀配下の同心藤田茂兵衛が直接語った内容を書きとめたものだという。

山川下総守、名は貞幹《さだもと》。享保十九年（一七三四）七月に三歳で家督を継ぎ、寛延《かんえん》三年（一七五〇）十二月に大番士となり、西丸小納戸、徒頭などを経て、安永《あんえい》三年（一七七四）七月に目付を拝命した。佐野善左衛門の事件が起きたのは目付時代で、その後、一橋家の家老を務め、寛政二年（一七九〇）に五十九歳で没した。

武士の情け

この事件では、山川下総守のほかにも〝武士の情け〟を示した旗本がいた。大目付の松平対馬守《つしまのかみ》忠郷《ただささと》である。

平戸藩の老公松浦静山は、『甲子夜話』巻一に、次のように記している。

――私が若い頃（事件の年、静山は二十五歳）、若年寄の田沼氏を新番衆《しんばんしゅう》の佐野善左衛門が殿中で斬ったとき、大目付の松平対馬守が佐野を組み留めた。組み留めたといっても、対馬守は、佐野が刀を振り上げて田沼を斬るまでは佐野の後に付いていて、田沼を斬り終えた後に、はじめて佐野に組みつき押さえつけた。

当時の人は、吉良上野介《きらこうずけのすけ》に斬りつけた浅野内匠頭《たくみのかみ》を組み留めた梶川《かじかわ》某（梶川与惣兵衛頼《より》照《てる》）は武道を知らなかったが、松平対馬守は武道を心得ている、と対馬守を称賛したという――。

なぜか。存分に無念を果たさせないうちに（吉良に軽傷を負わせただけで）浅野を組み留めた梶川は武士の情けに欠け、一方、田沼に致命傷を与えたと見定めたのちに佐野を組み留めた対馬守は、武士の情けを心得ていると見なされたからである。

静山は当時の対馬守を見知っていて、その印象を「老体にて頭髪うすく、常は勇気ありとも覚えざりし」と記している。『寛政重修諸家譜』の記述に従えば、対馬守は当時七十歳。たしかに高齢だ。にもかかわらず血刀を手にした佐野を組み留めた功績で、四月七日に二百石加増された。対馬守こと松平忠郷は、その後、旗奉行に転じ、寛政元年（一七八九）六月に七十五歳で没している。

静山はまた、当時小普請奉行で、殿中で事件を目の当たりにした叔父の松浦越前守信桯《のぶきよ》の談も記している。佐野は、田沼が番所（新番所）の前を通ったとき、後から「佐野申上ます」と繰り返しながら、刀を抜いて追いかけ、田沼が振り返ったところを肩から袈裟《けさ》に（斜めに）切り下げ、返す刀で下段を払ったというのである。

田沼は、片背と両股を斬られて倒れ伏し、しかるのち松平対馬守が佐野を組み留めたという（『泰平年表』）。

事件の背景

佐野善左衛門政言は、一体どのような理由から、田沼山城守意知を死に至らしめたのだろうか。『徳川実紀』は佐野の「発狂」とし、『泰平年表』には「宿意《しゅくい》有之《これある》に依《よって》」（かねてからの恨みで）とあるものの、恨みの内容にはまったくふれられていない。

対照的に『遠相実録』は、まるで見てきたように詳しく事件の背景を記述している。同書によれば、佐野が田沼に恨みを抱いた経緯は次のようなものだったという。

――天明三年のこと。小納戸（小性とともに将軍の側に仕える奥勤めの役）の御吟味（採用試験）の前に、田沼山城守は、佐野善左衛門を呼んでこう語った。「貴殿が小納戸になりたいというなら、私が取り持って、望みをかなえてやろう」。小納戸になれば出世の道も開けるし、なにより将軍のお側に仕えるのは名誉この上ない。とはいえ、無事務められるか自信がなかった佐野は、「私のような未熟者では」と辞退した。しかし田沼家の公用人がこれを許さなかった。せっかく山城守様が取り持つとおっしゃっているのに、断るなんて失礼きわまりないというのだ——。

田沼には思惑があった。佐野を小納戸にしてやるかわりに、佐野が吟味の際に提出する「先祖書」の文面から、ある特定の箇所を削除させようとしたのである。それは田沼家の先祖が佐野家の家来筋であったことを示す箇所。いまや幕政を牛耳るまで立身した田沼意次・意知父子にとって、先祖が一旗本の先祖の家来だった事実は、すくなからず不都合だったのである。

——田沼に削除するよう頼まれた佐野は、すんなり承諾し、達筆《たっぴつ》の遠類（血筋の遠い親類）の者に「先祖書」を渡し、田沼が家来筋であった事実を削除した写本を作成させ、これを小納戸吟味のため提出した。

削除箇所は明確に指示されていたから、問題など生じるはずはなかった。ところが書写を頼まれた遠類の者が、幕府の重鎮である田沼氏が家来筋だったことは佐野家にとって名誉なことだから削除すべきでない、と勝手に判断したため、すべてが狂ってしまった。

佐野の先祖書が削除されずに提出されたと知って、田沼は激怒。当然、佐野は不採用となった。その後、田沼から面と向かって「偽《いつわり》を申ものハ人にあらす、人にあらされハ畜生なり」と罵《ののし》られた佐野は、田沼に遺恨を抱き、ついに殿中で刃傷に及んだ——。

田沼意知に対して佐野政言が憎悪を抱いていたのは事実としても、その理由がはたして『遠相実録』が言うとおりだったかどうかはさだかでない。

権勢をふるう田沼父子に対する反感も手伝って、事件後は佐野に同情が集まった。さまざまな臆測がささやかれ、風説がまことしやかに語られた。右の話もあるいはそのうちのひとつなのかもしれない。

こころの病

一方、幕府は、事件の原因を佐野の乱心と認識していた。本当の原因を隠蔽し乱心として片付けてしまおうというのではなく、どうやら乱心に違いないと確信していたようだ。

佐野の切腹から十日以上経った四月十六日（『書物方日記』では四月十五日）、監察官である大目付・目付から、幕府の諸役所に事件の再発を防ぐための達書《たっしがき》が届いた。その内容は『徳川実紀』に次のように要約されている。

こたび佐野善左衛門政言、営中において発狂せり。あらかじめ常ならざるさまは、同僚等も前知すべき事ならずや。向後《こうご》は同僚互にこゝろを附、常ならざる様子のものあらんときは、家にこもらせ、医療せしむべきこと、専ら心付べしとなり。

ひとり佐野善左衛門だけでなく、精神状態が不安定で同様の事件を起こす可能性がある予備軍がどの部署にもいるのではないか。

幕臣の間で心の病が広がりつつあると危惧《きぐ》を抱いた幕府の監察官は、病の兆候がある者がいたら、同僚たちが気をつけて様子を見守り、症状が悪化した場合は、（出勤を免除して）家で静養させ、医者に診せるよう各部署に指示している。心の病には自宅静養と医者の治療が不可欠だというのである。

心の病が刃傷事件の最大の要因。文政十三年（一八三〇）八月十四日の午前四時頃、江戸城西丸大手門番所で、門番を担当する秋元但馬守《たじまのかみ》（出羽国《でわのくに》山形藩主）の家臣が起こした刃傷事件も、加害者の精神的なストレスが原因だった（『甲子夜話続篇』巻五十）。

事件の概要はこうである。加害者である物頭《ものがしら》の間瀬市右衛門《いちえもん》（三十五歳）にとっては、これが初めての門番所勤務だった。几帳面な性格なのであろう、番所の帳面を丹念に調べ、勤務に遺漏がないよう心がけたのだが、番所の同僚や部下たちは自分の指示にまったく従わない。彼らのだらけた態度に堪忍袋の緒が切れた間瀬は、番所の行灯《あんどん》を残らず消したのち、同役の斎田源七郎の寝所に踏み込んでこれを殺害。物音で目を覚ました宇田川万蔵、戸部彦右衛門ほかにも、次々と斬りつけた。今風に言えば、中間管理職の鬱屈《うっくつ》が悲劇的に暴発したのである。

幕府の徒目付らが尋問したとき、間瀬の様子は乱心とは見えなかったというが（「全く乱心には無之」）、三人を即死させ、七人に手を負わせた（うち一人はのちに死亡）間瀬の精神状態が正常だったとは、とても思えない。むしろ乱心とは見えない様子で、平然と「私の指示に従わず、勤務態度が真面目でなかったから、みなを殺傷したのです」と答えたというだけで、その異常さは際立っている。

幕臣と藩士の別なく、殺傷力のある刀を帯びて出勤する武士たち。加えて彼らが職場その他の人間関係でストレスを脹《ふく》らませていたとしたら……。

間瀬市右衛門の事件は、幕府が禁書とした『泰平年表』には記載されたが、『徳川実紀』では一言もふれられていない。記録に残らなかった武士の刃傷事件は、ほかにもすくなくない。泰平の世の武士の職場は、われわれが想像する以上に、危ない空間だった。

死番（シニバン）

羨望のポスト

『遠相実録』（『田沼実秘録』）では、若年寄の田沼意知が佐野政言に対して、小納戸に採用されるよう口を利くことを条件に、佐野の先祖書の一部を削除するよう求めたのが刃傷事件のそもそもの発端とされていた。

事実は藪の中。とはいえこの話は、小納戸が旗本たちにとって羨望のポストの一つだったことを教えてくれる。

深井雅海『江戸城』を開くと、小性と小納戸は「将軍に近侍して身辺日常の雑務に従事する役人」で、諸大夫《しょだいぶ》役の小性は、布衣《ほい》役の小納戸より格上。「将軍の側近くで奉仕するのは主に小性の役目で、小納戸はその下働きをしたという」とある。文政五年（一八二二）の『文政武鑑』から、小性の人数が二十二人（うち三人が小性頭取）で、小納戸が八十三人、ほかに小納戸頭取が六人という数字も挙げられている。さらに小性頭取の役高が平《ひら》の小性と同額の五百石だったのに対して、小納戸頭取は千五百石で、小納戸頭取の方が格も職権も優っていたとも。

同書には、将軍の日常生活における小性と小納戸の仕事の分担も紹介されていて興味深い。たとえば、将軍が朝食をとっている間に将軍の髪を結い、ヒゲや月代《さかやき》を剃るのは小性の役目で、膳奉行が毒見をした夕食を将軍の御前に運ぶのは「御膳番《ごぜんばん》」の小納戸。入浴の際は、小性が衣類を脱がせたのち、「湯殿掛《ゆどのがかり》」の小納戸が糠袋《ぬかぶくろ》で将軍の身体を洗う、という具合だ。

小性と小納戸は、まさに将軍に密着してその世話をする役であり、それだけに将軍と親密な関係が生まれる。旗本御家人合わせて二万数千人からなる幕臣の中でも、いわば特権的な存在だった。

小納戸を務めた旗本を幾人も知っていた大谷木醇堂は、彼らの印象を、「其人居常《きょじょう》君前に伺候して礼儀に馴致し慣習するをもつて、容止挙動は高位貴人の態度を充分ニ包含し、気をうつし体を移すの賞すべきあるも、又自然に倨傲尊大《きょごうそんだい》の姿色を呈表し、偏執《へんしゅう》我慢《がまん》の風采ありて、外朝《がいちょう》の有司と異なるあり」（『醇堂叢稿』）と記している。

意訳すれば。——いつも将軍の側に仕え、礼儀作法に則った生活に慣れているので、立ち居ふるまいはおのずと高貴な人々の風がある。まさに職場の環境の賜物だ。しかし一方で、傲《おご》り高ぶった風や人の言葉に耳を貸さず、我意を通そうとするところも。表の役人たちとは（ずいぶん）違っていた――というところか。

奥勤めの小納戸を経験した連中は、さすがに立ち居ふるまいは優美だが、高慢で協調性を欠く者が多い、というのである。

なかでも表の役人（事務官）や番方《ばんかた》（武官）を経験しないで小納戸に採用された者や、若年の頃から務める者（いわゆる純粋培養）はこの傾向が強いと、醇堂は指摘する。なかには表の役人に転じ幕府の要職に就く者もいたが、小納戸時代の気性は容易に払拭《ふっしょく》されず、度量の大きさや闊達《かったつ》な性格に乏しい者が多いとも。

小納戸出身で遠国《おんごく》奉行となった本多加賀守（名は安英。大坂町奉行）、稲葉出羽守（名は正申。長崎奉行）、荒尾土佐守（名は成允。長崎奉行）についても、醇堂は「管窺《かんき》蠡測《れいそく》の僻見《へきけん》を持張し、措置の宜しきを失ふ少からずとす」と厳しい評価を下している。見識が狭く偏見を改めようとしないので、判断を誤る場合がすくなくなかった、というのだ。

純粋培養で傲慢

醇堂が指摘するように、小納戸の者の視野が狭く、世間知らずだったとしても、彼らの職務が将軍の身の回りの世話だったことを考えれば、それも仕方ないかもしれない。

醇堂によれば、前述の小納戸頭取の下に、小納戸全体の庶務を管理する「奥の番」がいて、才略ある古参の者が任命された。「奥の番」は「御膳番」とともに権威があり、あわせて「両掛《りょうがかり》」と称した。「肝煎《きもいり》」もいるが、これは「同僚の緩急《かんきゅう》を調査」する役だという。残念ながら〝緩急の調査〟が具体的にどのような内容を意味するのか定かでない。小納戸の勤務評定や監察を担当したのだろうか。

小納戸には、ほかに「御庭掛」「御植木掛」「御鳥掛」「御掃除掛」などさまざまな掛があり、採用に当たっても、文武以外に鳥の飼育・園芸・謡曲・点茶・割烹《かっぽう》（料理）などの一芸がある者が採用されやすかったという。

とはいえ将軍の衣服や身体に直接ふれる機会が多い小性や小納戸は、将軍の好みの容色の者が選抜される場合も多かったようだ。大奥の口利きで採用されるケースがすくなくなかったのとあわせて、醇堂はこの点を慨嘆している。容姿や大奥の縁故が優先された結果、十代半ばで奥勤めをする者が多くなり、純粋培養で世態人情に薄く、傲慢《ごうまん》でプライドばかり高い連中が増えてしまったというのである。

それでも小性や小納戸は、旗本たちにとってあこがれのポストだったといえる。なにしろ神に等しい将軍とともに過ごし、直接言葉をかわすことだってできるのだから。

「ユフケイ」と「シニバン」

奥勤めにあこがれたのは旗本だけではない。『甲子夜話』の著者で平戸藩老公の松浦静山は、藩主の頃から幕府の要職に就くことにあこがれ、金品を惜しまず猟官運動を繰り返した。外様大名ではあったが、松浦家では、四代前の当主松浦棟《たかし》が寺社奉行を務め、五代前の松浦鎮信《しげのぶ》は、将軍綱吉の諮問に答える「奥詰衆《おくづめしゅう》」を拝命した。これら先祖たちのように幕府の中枢で活躍し、あるいは将軍のお側にいたい。彼は心からそう望んでいたのである。

結局望みは実現せず、失意の平戸藩主松浦清《きよし》は隠居して静山と号したが、隠居後も、往年の夢は捨てきれなかったようだ。そのせいであろう、『甲子夜話』には、奥勤めの様子をうかがわせる貴重な聞書きや資料が書きとめられている。

たとえば『甲子夜話続篇』巻六十一には、小性や小納戸など「内仕人《ないしじん》」(奥勤めの役人)の間で通用する独特の言葉とその背景が詳しく記されている。

――内仕人の言葉に「ユフケイ」というのがあるが、これは漢字で書けば「夕景」であろう。表の役所の仕事が終わり(「外朝の政《まつりごと》畢《おわ》り」)老中・若年寄が退庁したあとは、小性は肩衣《かたぎぬ》を取り袴だけになる。小納戸は肩衣を着けたままだが、「ユウケイ」(夕方)になると、小性も小納戸も、衣服を着替えて(くつろいだ身なりで)将軍のお世話をする。そのときの衣服は、破れていてもツギが当てられていてもかまわない。肩衣が色あせていても咎められない。ただし当番を終え翌日退庁するときは盛装するのが望ましいとされている——。

表の役所の中核である老中・若年寄が勤務している間は、小性も小納戸も服装にわずかな乱れがあってもならないが、老中・若年寄の退庁後は、小性が肩衣を脱ぎ、夕方になると、どちらも普段着に着替えることが許されている。たとえ将軍の前でも、普段着でかまわないというのである。

静山は「内外の差別かくまで立らるゝこと、有難きことならずや」と感想を添えている。「表の役人と奥勤めの役人とでこうまで違うのは、(将軍の側で日夜緊張が絶えない)小性や小納戸に対する将軍の労《ねぎら》いの気持ちの表れであろう。有り難いことではないか」というのだ。

次に静山が挙げた内仕の役人ならではの言葉とは……。

——内仕の面々にはさまざまな職務があり、掛の名もいろいろだが(「御膳掛」「御庭掛」など)、「昨今の者」(在職年数のすくない者や新人のことであろう)は、「シニバン」をさせられる。「シニバン」は「死番」のことで、どうしてそう言うかというと、不慮の事件や騒動が発生したとき、その様子を見に行かされたり、危険な場所に使者として派遣されるからだ。火事のとき将軍が内仕の人々とともに避難しても、「シニバン」はその場に残り留守を務めるという——。

将軍の側に仕えるという特権を享受しながら、一方で、将軍のためにいつでも命を捨てる覚悟がなければならない小性や小納戸の面々。その職務の特色を端的に示す言葉として、静山は「ユウケイ」「シニバン」に注目し、書きとめたのであろう。

小納戸役のお手本

『流芳録』で、小納戸の項に名が挙げられている松平縫殿頭忠香《ぬいのかみただよし》も、命がけで将軍を守る強い意志を表明した人だった。

延享《えんきょう》元年（一七四四）十二月に西丸小納戸になり、二年九月に本丸勤務となった松平忠香は、翌三年十月に小性に転じ、その後、徒頭《かちがしら》などを経て、天明五年（一七八五）に六十歳で没した。『流芳録』は、忠香の次のような逸事を『当世珍説要秘録』から拾っている。

――松平忠香は、九代将軍家重《いえしげ》の一番のお気に入りだった（「当将軍家出頭《しゅっとう》第一の人なり」）。将軍が朝寝の場合は、目覚めるのを恐れ、誰も足音をさせないように細心の注意を払っていたが、忠香は違った。

将軍の月代を剃る当番のとき、忠香は、朝寝坊の将軍の寝所に入り、夜具を剥いで将軍を起こし、月代を剃ったという。月代を剃られるのを嫌がる将軍を説得するのも、彼の役目だった。

忠香が初めて宿直当番を務めた日のことである。通常は、自宅から寝具などを入れた葛《つ》籠《づら》が届き、奥坊主衆がこれを当番の小納戸のもとに運ぶのだが、いつになっても忠香の葛籠が到着しない。奥坊主が心配して忠香に尋ねると、忠香は、「葛籠は取り寄せていない」と言う。「それまたなぜですか？」。不審に思った奥坊主の問いに、彼はこう答えたという。「大猷院殿《たいゆういんでん》（三代家光）の頃までは、万事手軽で（質素で）、宿直当番は「番袋」という袋に着替えを入れ持たせて来るだけだったというではないか。ところが近年では、大きな革《かわ》葛籠を拵え、中に寝具ばかりか重箱や酒器まで入れて来て、宿直の当番所で同僚と飲み食いしている。そもそも殿中の当番は、寝食も十分できないので御番と称するのだ。くつろいで飲食し安眠するようでどうして御番と言えよう」。

最後に忠香は、「拙者は殿中に寝に来たのではない。御番を務めにきたのだ。寝具など不要である」と啖呵《たんか》を切ったとか——。

将軍の命が狙われることなど想像だにつかない天下泰平の世に、ややもすれば緩みがちな緊張感を振るい起すような松平忠香の言葉。だからこそ、このような些細な話でも、幕府役人鑑とも言うべき『流芳録』に、小納戸役のお手本として収録されたのである。

将軍の墓守

すさまじい忠義

松平忠香の話を読んで、「奥坊主に向かって切った啖呵《たんか》は格好《かっこ》いいけど、〝死番〟というほどではないな」と感じた読者もすくなくないかもしれない。たしかに。私もそう思う。

忠香自身が言うように、同じ小納戸でも、三代家光の時代までの小納戸の勤務態度は、緊張感に満ちていた。同時に主君（将軍）に対する思いも深かったようである。すくなくとも家光の小納戸のひとり梶《かじ》左《さ》兵《ひょう》衛《え》佐《のすけ》定良《さだよし》のようなすさまじい忠義は、松平忠香など後世の連中には期待できないだろう。

「すさまじい忠義」とは、どのような忠義を言うのか。『流芳録』は「小納戸」の項で、梶左兵衛佐定良（同書では定長と記されている箇所もあるが、これは誤記）を取り上げている。出典は『梶定良略記』で、現在国立公文書館内閣文庫ほかが所蔵する『梶左兵衛佐定良略記』と同じ史料であろう。

『流芳録』と『寛政重修諸家譜』でその略歴をたどってみると。
伊勢国《いせのくに》長島城主菅沼定久の家臣の子として生まれ、金平と称した彼は、寛永《かんえい》三年（一六二六）に母方の叔父である梶次郎兵衛正勝《まさかつ》の養子となり、翌年二月、十六歳で秀忠《ひでただ》（当時は大御所）に初めて拝謁した。寛永七年、養父に実子（長十郎のちに正持《まさもち》）が誕生したので、家督家財をこれに譲り、自身は小《こ》十人《じゅうにん》組に採用され二百石を賜った（寛永六年に小十人になり百石を賜ったとも）。

　家光に仕えたのは、寛永九年から。この年、梶定良は二十一歳で、家光は二十九歳である。寛永十六年十月に「御《お》腰物持《こしものもち》」（いわゆる刀持ちか）になり、寛永二十年（一六四三）七月、三十二歳で小納戸に転じた。

　以上が梶定良の略歴の前半である。

　梶は小納戸としてどのような職務を果たしたのだろうか。『流芳録』には「御髪上ヶ・御風呂・御衣服等の御用を勤む」とあり、また「昼夜御側をはなれす、御寝《ぎょしん》の内も御側に罷在《まかりあり》、御《ご》守殿《しゅでん》までも召連られ」とも記されている。

　理髪から入浴、着衣まで、家光の日常の世話を務めたばかりでなく、寝所にも侍った。家光の男色《なんしょく》嗜好はよく知られているが、この場合は性的なパートナーとしてというのではなく、寝所で警護と雑務を務めたということであろう（当時の男色の慣習では、男色の相手を務めるには、三十代の梶では年齢が高すぎる）。さらには「御守殿」（家光の息女で尾張藩主徳川光友に入輿した千代姫の居所を指すか）にも家光のお供をして参上したというのである。

昼夜を問わず家光の側に仕えた梶定良。小納戸時代にはこんなこともあったという。

——あるとき、入浴中の家光の月代《さかやき》を剃っていた梶は、あやまって剃刀《かみそり》を風呂の中に落としてしまった。どのように咎められても仕方がない失態である。平伏して家光の様子を窺う梶に、家光は機嫌を損ねるどころか、むしろいつもより上機嫌で、梶になにかと用を命じた（まるで剃刀を落としたしくじりなど気にとめていないという様子で）。梶が感激したのは言うまでもない。彼はこのときの「御恩」を心底有り難く思い、家光に身命を捧げる決意を新たにしたという（「此節の御恩骨髄に徹し、身命を差上御用に立申《たちもうす》へくと存詰《ぞんじつめ》られ候由」）——。

日光に移住

慶安《けいあん》四年（一六五一）四月、家光は四十八歳で没し、堀田正盛《まさもり》（下総国佐倉《さくら》藩主で幕府の重鎮）、阿部重次《しげつぐ》（武蔵国岩槻《いわつき》藩主で老中）、内田正信《まさのぶ》（下野国鹿沼《かぬま》藩主で御側出頭）ほかが殉死を遂げたが、梶は、自分のような分際で殉死は畏《おそ》れ多い。せめて家光公の墓がある日光に移住し、命が絶えるまで参拝し続けたいと懇願した。

慶安五年（一六五二）七月、願いが許され「日光定番《じょうばん》」（『徳川実紀』では「日光山守護職」

とある）を拝命し同地に居を移した梶は、それから毎日「南無《なむ》大猷院殿《たいゆういんでん》（家光の戒名）」と一万遍ずつ唱え、元禄十一年（一六九八）に八十七歳で没するまで日光を離れなかった。

四十一歳で日光に移ってから八十七歳で没するまでの四十六年間、梶定良の日々は家光の御霊《みたま》に捧げられた。『流芳録』（すなわち『梶定良略記』）には、風雨寒暑の日も怠らず毎朝寅《とら》の刻（午前四時頃）に起床し、沐浴してから御宮（大猷院殿廟）に参詣し、勤行の間は雨や雪が身体にかかっても、まったく厭《いと》う様子を見せなかったと記されている。さすがに齢《よわい》八十を過ぎると足も弱ったが、それでも八十五歳で乗物を許されるまでは、廟所の門内では杖さえ用いなかった。

とはいえ彼は、墓守《はかもり》として亡き主君の家光をひとり懐かしんでいたわけではないし、いつも穏やかな好々爺《こうこうや》だったわけでもない。根岸鎮衛は『耳嚢』で、日光移住後の梶について「朝暮の御膳献備にも御別所に相詰《あいつめ》て、聊《いささか》にても供僧など不束《ふつつか》あれば、ゆるさず憤りて、御在世の如く仕へて日光にて物故《ぶっこ》なしける」と伝えている。家光の霊が遺漏なくまつられているか、日々監視の眼を光らせていたのである。

そもそも「日光定番」として家光の柩《ひつぎ》に随従した梶には、幕府から、日光目代および大楽院・竜光院の両別当と相談して、法会や祭礼、修復を滞りなく執り行うことや、日光山中の火の用心を徹底させることなどの職務が定められていたという（山澤学『日光東照宮の成立』）。諸大名が参詣に訪れたときにはその先導も務めなければならなかった。

家光の十三回忌にあたる寛文《かんぶん》三年（一六六三）に、老中阿部忠秋《ただあき》や儒者の林鵞峰《がほう》らが江戸から訪れたときは、宿所では入浴も叶わない面々を招待して風呂や食事を振る舞っている（『癸卯于役日録《きぼううえきにちろく》』）。なかなか忙しいのである。

家光の生前は献身的に身の回りの世話を務め、その没後もまた……。そんな梶が、一生妻を持たなかったとしても不思議はない。妻帯しなかったどころか、壮年に達してからは、色欲そのものを断ち、家光への奉公に身を捧げたという。当然跡を継ぐ者はなく、寛文三年に日光に参詣した四代将軍家綱が、養子を迎えるよう梶に勧めたときも、養子の人品は見定めがたいという理由で、梶はこれを断っている。

『耳嚢』によれば、彼は「子孫を顧《かえりみ》ては真忠《しんちゅう》の御奉公成がたし」と言って子をもうけようとしなかったとか。真忠すなわち真実の忠義を貫くために、子や孫は足手まといになるというのだ。

廉直無欲の忠臣

根岸鎮衛はまた、梶を「あく迄実篤《じっとく》の人」「異人の忠なる人」（人並みはずれた忠義の臣）と称賛しているが、梶がそれなりの処遇を受けていたことにもふれておこう。

大猷院殿廟の守護として日光に移り住む際に禄二百俵を加増され、翌承応《じょうおう》二年（一六五三）四月には、従五位下左兵衛佐に叙任。寛文九年（一六六九）十月に四百俵加増され、家光の三十三回忌が催された天和《てんな》三年（一六八三）の五月には、千俵を加えられ、梶の禄はあわせて二千俵となった。同時に従四位下に昇進し、左兵衛督《さひょうえのかみ》に任ぜられている。

梶自身は昇進や禄の加増を必ずしも喜んでいなかったようで、従五位に叙された際にも、再三これを辞退し、半ば強制的に叙されると、自嘲気味にこう語ったという。「私の志は家光公の廟内の塵を掃き清めることにあり、栄典を授かるのは素志《そし》ではありません。老中たちが私の気持ちを理解していないのが残念でなりません」（『癸卯于役日録』の意訳）。

参詣に訪れた諸大名から御礼の品を贈られても受け取らず、貴顕《きけん》におもねらず。林鵞峰は、梶に親しく接してその「廉直《れんちょく》無欲」に心を洗われ、「名利を追求する俗な武士は、日光の地で数年暮らしてみるべきだ。梶氏の話を聴けば、きっと自らを恥じるだろう」と記している。

元禄十一年五月四日、八十七歳になった梶は、老衰と病のため禄の返上と剃髪《ていはつ》を乞う願書を差し出した。剃髪は許され、禄は終身支給されることに。剃髪して左入《さにゅう》と号した梶は、同月十四日に没し、将軍（五代綱吉）の恩命で大猷院殿廟の後に葬られた。その墓は現在非公開だが、柴田豊久氏が編纂した『梶左兵衛佐定良史料』（一九五一年）に墓の外観図や碑記を載せた史料が収録されている。

将軍から下された具足や刀剣ほか梶の家財はすべて召仕の小野善助《ぜんすけ》に授けられ、小野は御家人となり、「日光御殿番」を務めることになった。その子孫は、「日光奉行支配吟味役」小野善助として幕末の文書にも登場する。

妻も子もなく、四十六年間も家光の墓守を務め、静かにこの世を去った梶定良。江戸幕府の長い歴史の中でも、彼ほど忠臣の名に相応《ふさわ》しい幕臣はいないかもしれない。


年齢の詐称と死亡の隠蔽、職場のイジメと刃傷沙汰、なりふり構わぬ就活や役得の実態……。爽やかさとはおよそ無縁な幕臣世界の現実を照らし出してきた本書は、最後にようやく〝美しき無私の忠臣〟にたどり着いた。将軍家光の死後もその側に仕え続けた梶定良の深い愛慕と自己犠牲。それはまさに武士道精神の精華と言うべきだろう。

しかし将軍に対する麗しき真忠の情は、俸禄の不正受給や役得を許した馴れ合いの構造と両極端の関係にあるとも思えない。すくなくとも両者は、光と闇でも、水と火でもなかった。将軍そして幕府という特権的組織が、組織の構成員である旗本御家人に垂れた、規則をこえた恩情や仁慈が、忠義の最も重要な背景をなしていたからである。

エピローグ・サムライの遺産

不正の来歴

昨年、二〇一〇年には、死んでいるのに死亡届を出さず、遺族が何年も年金を受け取っていた事実が、全国で相次いで発覚した。住民の生死さえ把握していない役所の杜撰《ずさん》さと、それにもまして、老人の死亡を隠して年金を詐取し続けた遺族の破廉恥《はれんち》さ。多くの良識ある日本国民は唖然とし、あわせてこの国は一体どうなってしまったのかと憤懣《ふんまん》やるかたない気持ちでいっぱいになったに違いない。

ところで、この国は昔はそれほどご立派だったのだろうか。たとえば将軍以下の武士が支配していた江戸時代はどうか。「武士は今の役人よりずっと誇り高く責任感が強かったし、なにより恥を知っていた。だから年金詐取のような破廉恥な行為はありえない。庶民だって、人情に富み親や高齢者を大切にしたから、老人の孤独死なんて皆無だったのでは」。そう思っている紳士淑女も多いかもしれない。

はたしてそうか。たしかに武士のなかには、高潔ですぐれた人物もすくなからずいただろう。それは否定しない。しかし一般的に言えば、当時の武士たちの多くは、欺瞞《ぎまん》と甘えに満ちた慣習にどっぷり浸かっていたと言わざるをえない。

本文中でもふれたが、大谷木醇堂《おおやぎじゅんどう》は『醇堂叢稿《そうこう》』で、「幕臣のなかには、将軍の御恩をむさぼるように、家の当主が死亡しても、その事実を隠蔽し、病気療養中と偽って俸給を頂戴し続けた者がいた」（意訳）と述べている。食うや食わずの貧しい庶民が、ではない。武士のなかの武士、天下の旗本御家人が、このような破廉恥をしていたというのである。

死亡を隠して俸給を得られる期間は、通常は一年間だったが、亡くなった者の役職が閑職であれば、三年、五年に及んだ。さすがに重要なポストに就いていた場合は半年が限度だったが、それでも故人に功績があると認められれば、特例で期限は延長されたという。醇堂の祖父の場合も、安政《あんせい》三年（一八五六）四月に八十九歳で亡くなったが、同六年正月に喪を発するまで、三百俵の俸給が与えられている。

問題は、このような行為が一部の悪質な幕臣によって行われたのではなく、ほとんどの幕臣が当然のように行っていたことだ。死亡を秘して俸給を貰い続けるのは、彼らの世界では当たり前。悪びれた風もなく死者の俸給を受給していた。もちろん上司や同僚たちだって承知のうえだった。いわば職場ぐるみで、本来支給されないはずの俸給をむさぼり取っていたのである。

情と甘え

同様の詐欺行為は、永年勤続表彰として下賜される「老衰御褒美《ろうすいごほうび》」についても仕組まれていたらしい。醇堂によれば、実はすでに死んでいるのに、高齢や病を理由に退職願を出し、「老衰御褒美」の金銀を受け取るケースがすくなくなかったという。

醇堂曰《いわ》く。「甚ダウシログラキ事ニテ、公私トモニ其ノ条理ヲ失フモノナレドモ、一般ノ慣例コレヲ為スヲ以テ功トスル」。とても後ろめたく、公儀にとっても幕臣にとっても道理に合わない行為であるが、慣例化していて、そうするのが功績のように思われていたというのだ。

こんなとんでもない欺瞞が慣例化したのはなぜか。それは幕府が見ぬふりをしてきたから。将軍の寛大な措置と称して俸給の不正受給を許してきたからにほかならない。『醇堂叢稿』には、「元来優渥《ゆうあく》ノ措置ナルヲ以テ、官黙許《もっきょ》シテ問ハズ」とある。「優渥」は厚い恩恵を意味する語。幕府（将軍）の深い慈愛によって不正は不正でなくなり、幕臣の役得と化していた。

といっても、将軍本人が現状を十分把握していたとは思えない。老中から小役人まで、組織全体が馴れ合い甘え合って、不正を慣例化させるに至ったのだろう。ああ、武士の誇りは一体どこに。

隠蔽と癒着にまみれた薄汚い世界は、しかし一方で、寛大な優渥（恩恵）に包まれた安穏な世界でもあった。死者の俸給の不正受給の黙認が、「武士は相身《あいみ》互《たが》い」あるいは「武士の情け」といった言葉で表現される互助精神の具体化だったことも事実である。実際、不正受給でもしないと、家族や奉公人を抱えた家計が崩壊するケースもあったに違いない。

ホンネとタテマエ。嘘も方便。江戸時代の幕臣の世界には、今日の日本社会を考えるためにも、振り返らなくてはならない歴史が想像以上に詰まっているようだ。『醇堂叢稿』を読み解く作業は、これからも続く。

【主な史料と参考文献】

醇堂叢稿（国立国会図書館蔵）
大谷木醇堂と醇堂叢稿（玉林晴朗著　『書物展望』九七・九八号　一九三九年）
幕末の毒舌家（野口武彦著　中央公論新社　二〇〇五年）
平成新修旧華族家系大成（霞会館華族家系大成編輯委員会編　霞会館　一九九六年）
徳川実紀（『国史大系』三九～五二　吉川弘文館）
柳営日次記・年録（国立公文書館内閣文庫蔵）
井関隆子日記（深沢秋男校注『井関隆子日記』　勉誠社　一九七八～八一年）
醇堂漫録（森銑三ほか編『随筆百花苑』六　中央公論社　一九八三年）
灯前一睡夢（三田村鳶魚編『鼠璞十種』下　中央公論社　一九七八年）
書物方日記（国立公文書館内閣文庫蔵）
江戸城多聞櫓文書（国立公文書館内閣文庫蔵）
甲子夜話（中村幸彦・中野三敏校訂『甲子夜話』同続篇・三篇　平凡社東洋文庫　一九七七～八三年）
官府御沙汰略記（国立公文書館内閣文庫蔵）
江戸の怪奇譚（氏家幹人著　講談社文庫　二〇一〇年）
よしの冊子（森銑三ほか編『随筆百花苑』八・九　中央公論社　一九八〇～八一年）
矢部駿州逸事状（香亭迂人著　『旧幕府』五の六　一九〇一年）
夢酔独言（勝部真長編『夢酔独言他』　平凡社東洋文庫　一九六九年）
業要集（国立公文書館内閣文庫蔵）

新訂寛政重修諸家譜（続群書類従完成会　一九六四〜六五年）
寛政譜以降旗本家百科事典（小川恭一編著　東洋書林　一九九七〜九八年）
反古のうらがき（森銑三・鈴木棠三編『日本庶民生活史料集成』一六　三一書房　一九七〇年）
内田魯庵随筆（〈近代日本文芸資料叢書〉一　湖北社　一九七九年）
人倫糸屑（西鶴学会編　古典文庫　一九五四年）
明良帯録（近藤瓶城編『改訂史籍集覧』一一　臨川書店　一九八四年）
老衰御褒美之留（国立公文書館内閣文庫蔵）
独寐寤言（日本史籍協会編『匏庵遺稿』一　東京大学出版会　一九七五年）
花月日記（岡嶌偉久子・山根陸宏「翻刻『花月日記松平定信自筆』」　天理図書館編集『ビブリア』に一九九九年から掲載中）
お家相続（大森映子著　角川選書　二〇〇四年）
事実文編（〈関西大学東西学術研究所資料集刊〉十　関西大学出版・広報部　一九七九〜八一年）
長貴年譜（二本松市編集・発行『二本松市史』五　一九七九年）
想古録（小出昌洋編『想古録　近世人物逸話集』　平凡社東洋文庫　一九九八年）
了阿法師とその生活（『森銑三著作集』七　中央公論社　一九七一年）
蜑の焼藻の記（『日本随筆大成』二期の二二　吉川弘文館　一九九五年）
川路聖謨遺書（日本史籍協会編『川路聖謨文書』八　東京大学出版会　一九八五年）
徳川幕府の昇進制度（小川恭一著　岩田書院　二〇〇六年）
川路家蔵書翰集（日本史籍協会編『川路聖謨文書』八　同前）
一話一言（浜田義一郎ほか編『大田南畝全集』一二〜一六　岩波書店　一九八六〜八八）

寧府紀事（日本史籍協会編『川路聖謨文書』二～五　東京大学出版会　一九八四年）
長崎奉行代々記（鈴木康子著『長崎奉行の研究』付録　思文閣出版　二〇〇七年）
長崎奉行（外山幹夫著　中公新書　一九八八年）
江戸時代制度の研究（松平太郎著　関東学園編　新人物往来社　一九九三年）
旧事諮問録（進士慶幹校注　岩波文庫　一九八六年）
いれずみ奉行（大日本雄弁会講談社編〈講談全集〉のうち　一九五四年）
江戸ッ子（『三田村鳶魚全集』七　中央公論社　一九七五年）
甚四郎と金四郎（『森銑三著作集続編』一　中央公論社　一九九二年）
はつか艸（国立公文書館内閣文庫蔵）
断腸亭日乗（『荷風全集』二一～二六　岩波書店　一九九三～九五年）
流芳録（国立公文書館内閣文庫蔵）
披沙揀金（全国東照宮連合会編纂『披沙揀金　徳川家康公逸話集』　全国東照宮連合会　一九九七年）
干城録（林亮勝・坂本正仁校訂『干城録』　人間舎　一九九七～二〇〇三年）
江戸老人旗本夜話（元禄養老夜話の改題）（氏家幹人著　講談社文庫　二〇〇四年）
平子龍先生遺事（勝部真長編『夢酔独言他』　平凡社東洋文庫　一九六九年）
御殿女中（『三田村鳶魚全集』三　中央公論社　一九七六年）
江戸城のトイレ、将軍のおまる（小川恭一著　講談社　二〇〇七年）
番衆狂歌（『改訂史籍集覧』一七　ほかに国立公文書館内閣文庫蔵『視聴草』にも収録）
家世実紀（家世実紀刊本編纂委員会編『会津藩家世実紀』　吉川弘文館　一九七五～八九）
泰平年表（竹内秀雄校訂『泰平年表』　続群書類従完成会　一九七九年）

分間江戸大絵図（国立公文書館内閣文庫蔵）
江戸城（深井雅海著　中公新書　二〇〇八年）
長崎奉行遠山景晋日記（荒木裕行・戸森麻衣子・藤田覚編著　清文堂出版　二〇〇五年）
太梁公日記（前田育徳会尊経閣文庫編・長山直治校訂『太梁公日記』一　続群書類従完成会　二〇〇四年）
耳嚢（長谷川強校注　岩波文庫　一九九一年）
日光東照宮の成立（山澤学著　思文閣出版　二〇〇九年）
梶左兵衛佐定良史料（柴田豊久編　一九五一年）

氏家幹人（うじいえ・みきと）
1954年福島県生まれ。東京教育大学文学部卒業。日本近世史専攻。主な著書に『江戸藩邸物語』『かたき討ち』（いずれも中公新書）、『武士道とエロス』（講談社現代新書）、『大江戸死体考』（平凡社新書）、『大江戸残酷物語』（新書ｙ）、『江戸の怪奇譚』（講談社文庫）、『江戸の女子力』（新潮文庫）などがある。

歴史新書y 022

旗本御家人 驚きの幕臣社会の真実

発行日	2011年10月21日　初版発行
著　者	氏家幹人©2011
発行者	江澤隆志
発行所	株式会社 洋泉社 東京都千代田区神田錦町1-7 〒101-0054 電話 03(5259)0251 振替 00190-2-142410㈱洋泉社
印刷・製本	錦明印刷株式会社
装幀	菊地信義

落丁・乱丁のお取り替えは小社営業部宛
ご送付ください。送料は小社で負担します。
ISBN978-4-86248-822-0
Printed in Japan
洋泉社ホームページ http://www.yosensha.co.jp